크게 생각할 줄 아는
어린 철학자들의

생각의 지도

Copyright © 2012 by Gemma Elwin Harris
All Rights Reserved
Korean translation copyright ⓒ 2025 by Readytodive
Korean translation rights arranged with Curtis Brown Group Limited
through EYA Co.,Ltd

이 책의 한국어판 저작권은 EYA Co.,Ltd를 통해
Curtis Brown Group Limited과 독점 계약한 ㈜레디투다이브에 있습니다.
저작권법에 의하여 한국 내에서 보호를 받는 저작물이므로
무단전재 및 복제를 금합니다.

크게 생각할 줄 아는 어린 철학자들의
생각의 지도

제마 엘윈 해리스 엮음
김희정 옮김

Reda

진리와 아름다움을 추구하는 영역은
우리 모두가 평생 어린이로
남아 있을 수 있도록 허락된 곳이다.

알베르트 아인슈타인

머리말

2살배기 아들과 함께 바라본 달

아들이 2살인데 벌써 질문을 하기 시작했습니다. 최근에 어린이집에서 서둘러 집에 오는 길에 아이가 달을 가리키면서 "저게 뭐야?" 하고 물었지요. 지금 당장은 "달이야" 정도로 답하면 되겠지만 달이 무엇으로 만들어졌고, 지구에서부터 얼마나 먼 곳에 있으며, 거기에서 금붕어가 살 수 있는지를 이야기하느라 진땀 뺄 날이 얼마 남지 않았을 겁니다.

아이들이 하는 질문은 우리를 당황시킬 때가 많습니다. 그 질문에 대한 답을 예전에는 알았었더라도 - 혹은 부분적으로나

마 알았었더라도-지금은 잊어 버렸거나, 듬성듬성 구멍이 난 지식만 머리에 남아 있을 확률이 높습니다. 그럴 때 아이들이 이해하기 쉬운 언어로 답할 수 있는, 잘 알려진 전문가의 도움을 받는다면 어떨까. 바로 이런 상상이 《생각의 지도》를 기획하게 된 단초가 되었습니다.

영국의 초·중학교 10곳의 도움을 받아 만 4세에서 12세 사이 아이들 수천 명에게 가장 궁금한 것을 물어보았습니다. 그렇게 해서 모은 아이들의 질문은 그야말로 흥미롭고 재미있는 것들이었죠. "우주는 왜 저렇게 반짝거려요?", "맨 처음 반려동물을 키운 건 누구였나요?", "벌도 벌에게 쏘일 수 있나요?"처럼 귀엽고 별난 질문도 있었고, "전기는 어떻게 만드나요?" 혹은 "바다는 어떻게 만들어졌나요?" 같이 머리를 쥐어뜯게 만드는 어려운 질문도 있었습니다. 그런가 하면 깊은 철학적 난제의 중심을 건드리는 촌철살인의 질문들도 눈에 띄었습니다. "어떻게 사랑에 빠지게 되나요?", "'느낌이 좋은 것'은 어디서 오나요?" 등의 질문이 그랬습니다.

아이들이 손 글씨로 써서 보내 준 질문 중에는 몸의 기능에 관한 것도 많았습니다. 그중 "소변은 왜 노란가요?"는 많은 아이가 걱정하는 부분인 듯했습니다. 이외에 우주의 수수께끼에 매료되어 있는 아이들도 많았고, 짐작대로 닭, 원숭이 등의 동물에 관한 질문도 많았습니다. 심지어 소, 장운동, 우주 이 모든 것을 한 문장으로 아우르는 천재적인 질문도 있었죠. "소가 1년 내내 방귀를 뀌지 않고 모았다가 한 번에 크게 터뜨리면 우주로 날아갈 수 있나요?"

세계적 권위를 지닌 전문가들이 이런 질문을 받으면 어떤 반응을 보일까요? 그들이 내놓은 대답은 놀라우면서도 감동적이었습니다. 전문가들은 엄청나게 바쁜 와중에도 이 책을 집필하는 데 필요한 시간을 할애해서 도움을 주는 것을 망설이지 않았습니다.

탐험가 베어 그릴스는 벌레를 먹으면 어떤 좋은 점이 있는지 설명하느라 애썼고, 언어학자 노엄 촘스키는 왜 동물이 인간처럼 말을 하지 못하는지 설명하는 데 시간을 내 주었습니다. 천재 마술사 데런 브라운은 그의 두뇌를 사용해서 "인간의 두뇌는 지구에서 가장 강력한 물건일까요?"란 질문에 대답했고요. 모두들 어떤 짓궂은 질문에도 눈 하나 깜짝하지 않았지요. 이들에게 괴상한 질문은 단 하나도 없었습니다.

물론 책에 실린 대답이 유일하다고 생각하지는 않습니다. 이 책은 아이들 특유의 색다르고 기발한 질문에 각 전문가가 개인적으로 낸 목소리를 합친 것일 뿐이니까요. 저의 바람은 온 가족이 이 책을 즐겁게 읽고 뭔가를 얻었으면 하는 것입니다. 자기가 뿜은 메탄가스의 힘으로 대기권을 뚫고 솟아오르는 소를 상상하며 웃음을 터뜨린다면 더욱 좋겠습니다(이 기회를 빌려 이 문제를 수학적으로 풀어준 메리 로치와 로켓 과학자인 그의 친구 레이에게 감사하다는 말을 전합니다).

아들이 달이 무엇이냐고 묻던 그날 저녁, 나는 냉장고에 남아 있는 저녁 식사 재료를 머릿속에서 꼽아 보느라 다른 생각을 할 여유가 없었지만, 아이는 유모차에 앉은 채 밤하늘의 아름다움을 감상하고 있었습니다. 아들은 그날 처음으로 밤하늘에서 창백한 유령처럼 빛나는 공 같은 것을 발견한 것이지요.

아이의 "저게 뭐야?"라는 질문에 나도 보름달을 보지 않을 수 없었습니다. 우리 둘은 가던 걸음을 멈추고 달을 쳐다봤습니다. 거기에, 정말 이상스럽고도 새로운 물건이 있었답니다.

제마 엘윈 해리스

차례

006 ✽ **머리말**　2살배기 아들과 함께 바라본 달

1장
마음속에 호기심 새싹을 키워 보아요

016 ✽ 벌레를 먹어도 될까요?
018 ✽ 왜 세상은 어른들 마음대로 돌아가나요?
021 ✽ 아직 발견되지 않은 동물이 있나요?
024 ✽ 피는 왜 파랗지 않고 빨간가요?
026 ✽ 꿈은 어떻게 만들어지나요?
029 ✽ 걸어서 세상을 1바퀴 돌려면 얼마나 걸리나요?
033 ✽ 원자란 무엇인가요?
035 ✽ 우리는 왜 음악을 듣나요?
038 ✽ 우주는 왜 저렇게 반짝거리나요?
042 ✽ 왜 자기 자신을 간지럽힐 수 없나요?
046 ✽ 외계인이 정말 존재하나요?
049 ✽ 바람은 어디에서 오나요?
052 ✽ 왜 공룡은 멸종하고 다른 동물들은 살아남았나요?
055 ✽ 요리사들은 조리법 아이디어를 어떻게 얻나요?
058 ✽ 벌도 벌에게 쏘일 수 있나요?

060 ✳ 작은 씨에서 어떻게 나무랑 풀이 자라나요?
063 ✳ 두뇌는 어떻게 나를 조종하나요?
068 ✳ 지구온난화가 뭐예요?
072 ✳ 왜 동물들은 우리처럼 말을 못하나요?
076 ✳ 자동차는 어떻게 움직이나요?
079 ✳ 맨 처음 반려동물을 키운 건 누구였나요?
082 ✳ 혹성들은 왜 둥그렇게 생겼어요?

2장
엉뚱해서 더 기발해요, 물어보는 게 가장 중요해요

086 ✳ 우리는 왜 음식을 익혀 먹나요?
089 ✳ 운동 경기를 할 때 자꾸 져도 용기를 잃지 않는 방법을 가르쳐 주세요
093 ✳ 왜 화장실에 가야 하나요?
097 ✳ 사자는 왜 포효하나요?
101 ✳ 우리는 왜 돈을 사용하나요?
104 ✳ 세상에서 제일 처음으로 책을 쓴 사람은 누구인가요?
106 ✳ 코끼리는 왜 긴 코를 가지고 있나요?
109 ✳ 왜 어떤 사람은 심술궂게 행동하는 걸까요?
112 ✳ 나무는 어떻게 우리가 숨 쉬는 공기를 만드나요?
116 ✳ 어떻게 구름에 물이 들어가서 비가 내리게 되나요?
119 ✳ 박쥐만 빼면 날아다니는 동물들은 모두 깃털이 있잖아요. 왜 그런가요?
122 ✳ 인간의 두뇌는 지구에서 가장 강력한 물건일까요?

125 ✳ 아무것도 없던 데서 우주는 어떻게 생겨났나요?
128 ✳ 사람들은 왜 서로 피부색이 다른가요?
131 ✳ 북극과 남극의 얼음이 완전히 녹을 수도 있나요?
134 ✳ '느낌이 좋은 것'은 어디서 오나요?
137 ✳ 세상에서 멸종될 위험이 제일 높은 동물은 무엇인가요?
140 ✳ 왜 여자들은 아이를 낳을 수 있는데 남자들은 못 낳나요?
143 ✳ 왜 우주 공간에는 인력이 없나요?
146 ✳ 우리는 왜 영원히 살 수 없나요?
148 ✳ 케이크는 왜 이렇게 맛있는 걸까요?
151 ✳ 우리는 모두 친척인가요?
155 ✳ 눈의 결정이 모두 다른 모양이라는 것을 어떻게 아나요?
158 ✳ 시간이 빨리 갔으면 좋겠다고 생각할 때는
왜 더 천천히 가나요?

3장
틀려서 더 좋아요, 그때 새로운 생각이 태어나요

162 ✳ 탄산음료 속 공기방울은 어떻게 거기에 들어갔나요?
164 ✳ 하늘은 왜 파란가요?
167 ✳ 운동선수는 관객들이 시끄러운 소리를 낼 때
어떻게 집중하나요?
170 ✳ 원숭이와 닭의 공통점이 있나요?
173 ✳ 과학자들은 왜 세균을 들여다보나요?
176 ✳ 북극곰이나 사자를 먹는 사람들이 있나요?
179 ✳ 달은 왜 모양이 바뀌나요?

182 ✻ 숫자는 영원히 계속 커지나요?
184 ✻ 씨앗은 맨 처음에 어디서 왔나요?
187 ✻ 최초의 예술가는 누구인가요?
190 ✻ 나는 무엇으로 이루어져 있나요?
193 ✻ 펭귄들은 왜 남극에서만 살고 있나요?
198 ✻ 비행기는 어떻게 날아요?
201 ✻ 세상에서 제일 힘이 센 동물은 무엇인가요?
203 ✻ 정말 단것은 몸에 나쁜가요?
206 ✻ 이집트 피라미드는 어떻게 지어졌나요?
208 ✻ 밤이 되면 왜 하늘이 깜깜해지나요?
211 ✻ 무엇을 그릴지 생각이 나지 않을 때는 어떻게 하나요?
213 ✻ 전기는 어떻게 만드나요?
217 ✻ 우리 뼈는 무엇으로 만들어져 있나요?
220 ✻ 배를 타고 가는데 음식이나 물이 전혀 없으면 어떻게 해야 하나요?
222 ✻ 고양이는 어떻게 길을 잃지 않고 항상 집에 잘 찾아오나요?
226 ✻ 지구 안에는 뭐가 들어 있나요?
229 ✻ 신은 누구인가요?

4장

물음표가 많을수록 멋진 철학자가 될 테니까요

236 ✻ 우주는 얼마나 먼가요?
239 ✻ 번개는 어떻게 치나요?
243 ✻ 왜 어떤 사람은 키가 크고, 어떤 사람은 키가 작나요?

245 ✳ 소변은 왜 노란가요?
249 ✳ 심심하고 지루한 느낌이 드는 건 왜일까요?
252 ✳ 우리는 왜 밤에 잠을 자나요?
256 ✳ 과거로 시간 여행을 하는 것이 가능한 날이 올까요?
259 ✳ 무엇이 '나'를 '나'이게 하나요?
265 ✳ 소가 1년 내내 방귀를 뀌지 않고 모았다가
   한 번에 크게 터뜨리면 우주로 날아갈 수 있나요?
270 ✳ 현실에서 느껴보지 않은 것을 꿈에서 느낄 수도 있나요?
272 ✳ 바닷물은 왜 짠가요?
276 ✳ 미켈란젤로는 왜 그렇게 유명해졌나요?
279 ✳ 어떻게 사랑에 빠지게 되나요?
286 ✳ 내 위를 풀어서 늘어뜨리면 얼마나 길까요?
289 ✳ 왜 항상 형제자매와 싸우게 될까요?
293 ✳ 무지개는 무엇으로 만들어졌나요?
295 ✳ 달은 왜 빛나나요?
299 ✳ 바다는 어떻게 만들어졌나요?
302 ✳ 왜 민달팽이는 껍데기가 없나요?
304 ✳ 물은 왜 축축한가요?
308 ✳ 뼈가 없으면 나는 어떤 모습일까요?
311 ✳ 소들이 공기를 오염시키는 게 사실인가요?
315 ✳ 작가들은 어떻게 아이디어를 얻나요?
319 ✳ 왜 남자들은 수염이 나는데 여자들은 그렇지 않은가요?

321   이런 엉뚱한 답도 있어요!
330 ✳ 답변한 선생님들을 소개합니다

1장

마음속에 호기심 새싹을 키워 보아요

벌레를
먹어도 될까요?

베어 그릴스 Bear Grylls
탐험가, 오지 생존 전문가

    흠…… 뭐, 죽느냐 사느냐가 달린 일이라면 먹어도 되겠지요? 하지만 누구든 간에 날마다 벌레를 먹고 싶지는 않을 거예요. 혹시 꼭 먹어야 한다면 조심해서 먹도록 하세요. 하루 종일 땅속을 기어다니는 녀석들이니 뱃속에 해로운 것이 들어 있을 수 있거든요. 그러니 익혀 먹는 것이 좋겠지요? 내 경험으로는 솔잎이랑 섞어서 불 위에서 끓이면 먹기가 좀 덜 괴로워지더 군요.

    처음 벌레를 먹었던 기억을 아직도 잊을 수가 없어요. 같이 있던 군인이 기다랗고 통통한 벌레를 산 채로 잡아 이빨 사이로 쭉 빨아올려서 우적우적 씹어 먹는 장면을 지켜보다가 거의 토할 뻔했었지요. 내 차례가 되어 벌레를 먹는데 정말이지 뱉고 싶은 걸 참고 넘기느라 죽을 뻔했어요.

하지만 여러 번 해 보고, 배가 아주 많이 고파지면 벌레를 먹는 일이 점점 쉽게 느껴져요. **살아남는 데 정말 중요한 비밀을 하나 이야기해 줄까요? 바로 강한 의지가 있으면 불가능한 일도 해낼 수 있다는 거예요.** 벌레를 먹으며 배운 교훈입니다.

아, 그리고 기억해 두면 좋은 것이 또 하나 있어요. 상황이 좋지 않더라도 얼굴에서 미소를 지우지 마세요. 이게 바로 두 번째로 중요한 비밀이에요. 자, 이제 여러분도 넓은 세상에 나가서 탐험할 준비가 됐어요!

왜 세상은
어른들 마음대로 돌아가나요?

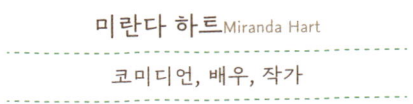

미란다 하트 Miranda Hart
코미디언, 배우, 작가

사실 가끔 나도 그게 궁금해요. 아마 어른들이 이해할 수 없는 일을 하는 걸 봤거나, 어른들이 시킨 일이 옳지 않다는 생각이 들어서 이런 질문을 한 것 같은데, 맞지요?

아마 여러분은 어른들이 하라는 대로 해야 하는 것만 아니면 훨씬 더 행복할 텐데 하는 생각이 들 때가 많을 거예요. 나도 어른이긴 하지만 나보다 나이가 더 많거나, 높은 지위를 가진 사람이 나한테 일방적으로 어떤 일을 시키면 가끔은 진짜 화가 나고, 그들이 틀렸다는 생각이 들 때가 있어요.

하지만 이런 점도 있어요. 나이가 많은 사람들은 인생의 경험과 지혜를 우리보다 더 많이 갖고 있고, 우리의 안전과 행복을 항상 마음에 두고 있기 때문에 모두를 위해 올바른 결정을 할 것이라고 믿어야 해요. 가끔 그렇지 않게 보일 때도 있고, 때로는 어른들이라도 옳지 않은 결정을 할 때가 있기는 하지만요.

만약 어른들이 하는 말이 정말 틀렸다는 생각이 들면 화내지 말고 차분하게 자기 생각을 말한 다음, 어른들의 이야기를 들어 보는 방법도 있어요. 다만 기본적으로 사람들은 나이를 먹으면서 경험이 쌓이고, 그 덕분에 좀 더 똑똑해지고 아는 것도 많아지게 되니 나이가 적은 사람들 대신 결정을 더 많이 하게 되는 것입니다.

비밀을 하나 말해 줄게요. 어른들이 잘못된 결정을 할 때도 있는데 그건 어렸을 때 어땠는지 잊어 버려서 그러는 거예요. 그땐 어른들에게 중요한 사실 3가지를 되새겨 주세요.

첫째, 가끔 시간을 내서 아이들과 노는 것이 중요하다는 사실. 이 사실을 잊은 어른들은 일만 너무 많이 하기도 하지요.

둘째, 다른 사람들이 자기에 대해 어떻게 생각하는지 걱정하지 말고, 자신이 어떤 사람인지를 항상 잊지 않고, 대담하게 자신의 꿈을 주장할 줄 알아야 한다는 사실. 바쁘게 사느라 꿈을 포기하는 건 말도 안 되는 일이잖아요?

그리고 마지막으로 그날그날을 충분히 즐기고, 내일의 걱정은 내일로 미뤄두라는 사실. **어른들은 가끔 자유롭게 즐기는 것을 잘 잊어 버리거든요. 아이들은 절대 그런 실수를 하지 않는데 말이에요.**

아직 발견되지 않은 동물이 있나요?

데이비드 애튼버러 경
동식물학자

있지요. 수백, 아니 수천 종류가 있을 거예요. 하지만 정확한 숫자는 아무도 모릅니다. 아직 발견되기 전이니까요.

열대우림에서 시간을 하루쯤 보내면서 덤불 또는 키 큰 나무들 이파리 사이로 잠자리채를 휘두르면 곤충을 아마 수백 마리는 잡을 수 있을 거예요. 그중 많은 수가 딱정벌레류일 텐데, 그 가운데 아직 과학자들이 모르는 곤충이 섞여 있는지 알아내려면 전문가에게 물어봐야겠지요. 딱정벌레 전문가가 대부분은 바로 알아보겠지만, 몇 종류에 대해서는 머리를 긁적일지도 몰라요.

혹시 거기에 아직 발견되지 않은 딱정벌레가 섞여 있을까요? 그걸 알아내려면 아무리 전문가라도 박물관에 가서 이것저것 검토하고, 전시된 딱정벌레들이나 책에 나온 그림들과 비교도 해 봐야 확실한 결론을 낼 수 있습니다. 아마 한참 걸릴 거예요. 하지만 그 낯선 딱정벌레들 중 하나쯤은 새로운 종류일 가능성이 있습니다. 사실 이 힘든 작업을 해 줄 딱정벌레 학자를 찾는 것이 알려지지 않은 딱정벌레를 찾는 것보다 더 어려울지도 모릅니다.

몸집이 큰 동물이 아직 알려지지 않았을 가능성은 훨씬 적습니다. 그런 동물을 찾으려면 지구에서 제일 탐색이 덜 된, 아주 깊은 바닷속으로 들어가 보는 것이 좋을 거예요. 그런 곳에는 특별히 만들어진 심해용 잠수함을 타고 가야 해요. 엄청난 물의 압력을 이겨 낼 만큼 튼튼하게 만들어진 잠수함이어야겠지요. 물속 깊은 곳은 칠흑처럼 깜깜하니까 동물을 찾으려면 강력한 서치라이트(어떠한 것을 찾아내기 위해 빛을 멀리 비추는 조명 기구)도 달고 가야 합니다.

잠수함 안에서 관찰하면 서치라이트의 빛이 비추는 곳을 지나가는 동물의 모습을 언뜻 볼 수는 있겠지만, 그 동물을 잡아서 자세히 관찰하기 전에는 그것이 새로운 동물인지 아닌지 알 수 없습니다. 또 깊은 바닷속에서 움직이는 동물을 잡으려면 아주 특별한 장비를 써야 하고, 그런 장비가 있다 해도 사실 굉장히 어려운 일입니다. 하지만 나는 지금도 바닷속 깊은 곳 어디엔가 우리가 한 번도 보지 못한 놀라운 생명체가 있을 거라고 믿어요.

피는 왜 파랗지 않고 빨간가요?

크리스천 제슨 박사 Dr Christian Jessen
의사, 방송인

영어에는 왕족을 가리켜 '푸른 피를 가진 사람들'이라는 표현이 있지요. 진짜 피가 파랗다면 참 재미있겠지만 애석하게도 그런 사람은 없어요. 피는 항상 빨간색이니까요.

팔에 있는 핏줄을 자세히 보면 파란색 피가 흐르는 것처럼 보인다는 건 나도 알아요. 하지만 그것은 혈관이 피부 표면 가까이에 있는데, 피부가 특정 색상의 빛만 통과시켜서 피부 밖에서는 파란색으로 보이는 것일 뿐이지요. 밖으로 보이는 색과 상관없이 핏줄 안을 흐르는 피는 항상 빨간색입니다.

그러면 피는 왜 빨간색일까요? 그건 핏속에 있는 헤모글로빈이라는 아주 중요한 화학물질 때문이에요. 헤모글로빈은 폐에서 산소를 받아 몸 전체로 운반해서 우리가 움직일 수 있는 힘을 주는 고마운 녀석이지요. 이 물질이 절대 파란색이 되는 법은 없지만 색깔이 조금씩 바뀌기는 합니다. 몸속에 산소가 많으면 헤모글로빈은 밝고 예쁜 빨간색이 되지요. 다만 신나게 뛰어놀면서 산소를 많이 쓰면 헤모글로빈은 어두운 빨간색이 되고, 그러면 얼른 폐로 돌아가 산소를 재충전합니다.

그런데 동물 중에는 파란색 피를 가진 것들도 있죠. 어떤 것들이냐고요? 문어, 오징어, 가재, 갑오징어, 투구게 같은 것들은 모두 파란색 피를 가졌답니다.

꿈은 어떻게 만들어지나요?

알랭 드 보통 Alain de Botton
소설가, 철학자

깨어 있는 동안 우리는 생각하고 느끼는 것을 대부분 조종할 수 있습니다. '레고 놀이를 해 볼까?' 하고 생각하면 뇌가 명령을 내려 레고 놀이를 할 수도 있고, '책 좀 읽고 싶어' 하고 생각하면 종이 위 글자들을 읽고 상상의 나래를 펴서 책 속의 등장인물들을 머릿속에 그려 볼 수도 있지요.

하지만 밤이 되면 아주 이상한 일들이 벌어져요. 잠자리에 들고 나면 뇌는 우리를 정말 이상하고 신기한 세상으로 안내하지요. 어떨 때는 아주 무서운 곳으로 여행할 때도 있고요. 혹은 아마존강에서 수영하고, 비행기 날개에 매달려 발버둥을 치기도 하고, 제일 싫은 선생님 앞에서 5시간짜리 시험을 보면서 시달리는가 하면, 산더미처럼 쌓인 벌레를 먹어야 할 때도 있지요.

또는 실제 세상에서 알고 있었던 것들, 그중에는 전혀 신경도 쓰지 않았던 것들이 꿈에서는 아주 생생하게 나타나기도 하지요? 항상 가고 싶었던 탄자니아 잔지바르의 휴양지를 배경으로 동네 슈퍼마켓 아저씨가 생각지도 않은 모습으로 등장하는 꿈이라든지, 한 번도 말을 건네 본 적 없는 학교 친구가 단짝으로 출연하는 꿈도 꿀 수 있고요.

옛날 사람들은 꿈에서 벌어지는 일들이 미래에 일어날 일들의 암시라고 생각했습니다. 지금은 하루 일과를 마친 후 머리를 정리하고 재정비하는 과정이 꿈이라고 생각하지요.

그렇다면 왜 우리는 가끔 무서운 꿈을 꾸는 걸까요? 낮 동안 마음에 충격을 줬거나, 무섭고 놀랄 일이 벌어졌지만 그것에 대해 제대로 생각해 볼 여유 없이 그냥 넘어가는 때가 있지요. 밤에 안전한 침대에서 잠든 사이에 우리 머리는 그런 무서운 일들을 다시 한번 짚고 넘어가고 싶은 거예요. 혹은 낮에 참 좋은 일이 있었는데, 제대로 음미할 틈이 없었을 때도 꿈에 그런 일이 다시 나타날 수 있지요. 깨어 있을 때 놓쳤던 것을 꿈에서 다시 한번 되짚어 보면서 혹시 마음이 다친 부분이 있으면 치유도 하고, 가끔은 정말 원하는 일이 일어나도록 해 보기도 하고, 때로는 생각하고 싶지 않은 두려운 사건 같은 것들도 들춰 보는 것입니다.

꿈은 보통 실제 일상생활에서 벌어지는 일들보다 더 신이 나고, 더 무섭게 느껴지지요. 이것은 바로 우리의 뇌가 얼마나 훌륭한 기관인지를 알려 주는 증거입니다. 대부분의 사람이 숙제를 하고, 게임을 하는 일상생활 속에서는 자기 뇌의 진가에 대해서 잘 느끼지 못하지만요. 꿈은 우리가 '우리 자신의 완전한 주인이 아니'라는 것을 보여 주는 증거이기도 해요.

걸어서 세상을 1바퀴 돌려면 얼마나 걸리나요?

로지 스웨일-포프 Rosie Swale-Pope
세상을 걸어서 1바퀴 돈 사람

걸어서 세상을 1바퀴 도는 데 얼마나 오래 걸릴지는 잘 모르겠지만, 나는 뛰어서 돌았는데 1789일이 걸렸습니다. 해져서 버린 신발만 53켤레였지요!

나는 남편을 잃은 뒤, 자선기금 모금을 위해 뛰기 시작했는데 지금 생각하면 그러기를 얼마나 잘했는지 몰라요. 정말이지 놀라운 경험이었거든요. 사람, 동물, 숲 그리고 나 자신에 대해 많은 것을 배우게 됐어요.

제일 잊을 수 없는 기억 중 하나는 시베리아 숲에서 늑대 한

무리를 만난 일입니다. 시베리아는 이 세상에서 제일 외로운 땅인 것 같아요. 무척 아름답고 엄청나게 추운 겨울 요정의 나라지요. 밤에 텐트 속에 앉아 있는데 갑자기 무슨 소리가 들렸어요. 순간 늑대 1마리가 텐트 안으로 머리를 쑥 들이미는 게 아니겠어요? 자기 코앞까지 쭉 뻗고 있는 커다란 털복숭이 발에 묻은 눈이 녹아 다이아몬드처럼 반짝거렸죠. 그러더니 녀석은 뒷걸음질을 쳐서 사라져 버렸지요. 다음 날부터 약 열흘 동안 늑대 떼가 내 뒤를 계속 따라왔어요. 한 번도 가까이 오거나 나를 해치려 하지는 않았어요. 문득 늑대들이 사람을 돌봐 준다는 이야기를 들은 기억이 났지요.

뛰는 동안 만난 사람들은 하나같이 모두 특별했습니다. 어디를 가나 말이에요. 러시아에서는 무서운 아저씨가 도끼를 휘두르며 쫓아와서는 빵 한 덩이를 건네고 갔어요. 나무꾼인데 내가 배가 고플까 봐 그랬던 거예요. 알래스카의 화이트마운틴에서 만난 어린이들이 끝없는 황무지로 떠나는 나를 위해 만들어 준 아름다운 현수막은 아직도 기억이 생생해요. 어린이들의 선생님은 "별에 당신의 이름을 붙였어요. 밤하늘을 바라볼 때마다 당신을 생각할 겁니다!"라고 말씀하셨지요.

그리고 마침내 성공했어요. 지구를 1바퀴 돈 것이지요! 영국 웨일스 지방의 텐비에 있는 우리 집 앞 판돌에는 내 발자국 2개가 새겨져 있어요. 하나는 지구를 1바퀴 돌기 위해 집을 떠나며 내딛은 발자국이고, 다른 하나는 집으로 돌아오며 내딛은 발자국이지요. 그 두 발자국 사이에 무려 3만 2000킬로미터가 뻗어 있답니다.

끝으로 좋은 질문을 해 줘서 정말 고맙습니다. 꿈이 있으면 그것이 무엇이든 덤비세요. 행운을 빌어요!

원자란 무엇인가요?

마커스 초운 Marcus Chown
과학 전문 작가

원자란 이 세상 모든 것을 만드는 '벽돌'과 같은 것입니다. 여러분, 나, 나무, 심지어 우리가 숨 쉬는 공기까지 모두 원자로 구성돼 있지요. 원자는 눈에 보이지 않아요. 너무 작기 때문인데, 이 문장 끝에 나오는 느낌표의 점의 지름을 가로지르려면 원자 1000만 개를 1줄로 세워야 합니다!

하지만 실제로 원자를 들여다볼 수 있다면 상당히 이상한 점을 발견하게 될 거예요. 바로 원자 속에 든 게 별로 없다는 점이지요. 사실 원자는 거의 텅 비어 있어요..

원자의 중심에는 '핵'이라고 부르는 아주 작은 점 같은 물질이 있습니다. 그리고 아주아주 작은 물질들이 마치 태양 주변을 도는 혹성들처럼 핵을 중심으로 돌고 있는데, 그것들을 '전자'라고 부릅니다. 그런데 핵과 전자 사이에는 빈 공간이 아주 많습니다. 이 말은 원자로 이루어진 여러분과 내가 사실 대부분 빈 공간으로 구성돼 있다는 뜻입니다.

사실 원자 안의 빈 공간이 하도 커서 이 세상 사람들 모두의 몸에서 그 빈 공간을 다 빼 버리면, 그 나머지는 각설탕 1개 정도에 담을 수 있어요. 상상해 보세요. 인류 전체를 각설탕 하나로 줄이다니, 아마도 무지무지 무거운 각설탕이 되겠지만요!

한 가지 더, 원자는 92가지 다른 종류가 있습니다(거기에 자연에는 존재하지 않지만 과학자들이 만들어 낸 몇 가지가 더 있지요). 여러 가지 다른 종류의 레고 블록을 써서 집이나 배를 만들 수 있듯이, 원자도 여러 가지 다른 종류를 섞으면 장미가 되기도 하고, 나무가 되기도 하고, 갓난아기가 되기도 한답니다. **우리는 모두 여러 종류의 원자가 모여서 만들어졌습니다. 우리가 서로 다른 이유는 우리를 만드는 원자의 조합이 다르기 때문이랍니다.**

우리는 왜
음악을 듣나요?

자비스 코커 |Jarvis Cocker
음악가, 방송인

　대단히 좋은 질문입니다. 나도 그 답을 알았으면 좋겠어요(농담이에요). 지금 이 순간 음악이 사라진다 해도 당장 죽는 사람은 아무도 없겠지요. 공기나 물과 달리 음악이 없어도 살아갈 수 있으니까요.

　하지만 음악이 없다면 세상이 얼마나 지루할지 상상해 봤나요? 클럽은 몽땅 망할 것이고, 콘서트장은 정적이 흐르는 동안 몇 사람은 무대 위에서, 나머지 사람들은 관객석에서 서로 쳐다보기만 하는 곳이 될 테지요. 음악이 나오는 동안 춤을 추다가 음악이 멈추면 동작을 멈추는 얼음 놀이는…… 애초에 시작되지도 않겠군요.

농담이 아니라 사람이 모여 사는 곳에는 어김없이 항상 음악이 있다는 사실을 생각해 보면, 음악과 사람 사이에 뭔가 중요한 관계가 있는 게 틀림없는 것 같기는 해요. 사실 옛날 우리 조상들의 흔적을 살펴본 과학자 중에는 음악과 노래가 말보다 훨씬 먼저 생겼다고 주장하는 사람들도 있답니다.

어쩌면 음악은 의사소통의 시초였는지도 모르지요. 사실 지금도 말을 하지 않고 감정을 전달하는 데 음악이 쓰이지 않나요? '즐거운' 노래, '슬픈' 노래들을 생각해 보세요. 총 12개밖에 되지 않는 음으로 음악을 만드는데 완전히 다른 분위기가 생기지요. '그건 가사 때문에 그렇겠지……'라고 생각하는 친구가 있을지도 모르겠네요.

하지만 그렇지 않아요. 말을 전혀 알아듣지 못하는 나라의 라디오 방송을 들어 보세요. 말 한마디 이해하지 못해도 어떤 노래가 슬픈 노래인지, 어떤 노래가 즐거운 노래인지는 금방 알아차릴 수 있을 테니까요. 감정을 전달하는 것은 음악의 소리이지요. 어떻게 그렇게 되냐고요? 나도 모르지만 그게 바로 음악이지요. **마술 같지요? 바로 그래서 음악이 없으면 안 되는 이유가 아닐까요?**

음악은 마치 마술과 같고, 그런 음악은 우리가 원할 때 언제나 우리를 찾아와요. 정말 좋아하는 음악을 듣다가 귀 뒤에서 등골까지 오싹해져 본 경험이 있나요? 심지어 소름이 돋을 때도 있죠. 정말이지 그보다 더 좋은 느낌이 또 있을까요!

나는 영화, 책, 연극, 그림을 모두 좋아하긴 하지만 이들은 내게 마술 같은 느낌을 주진 않아요. 오직 음악을 통해서만 그런 경험을 할 수 있지요. 그래서 세상에는 음악이 있고, 우리는 음악을 듣는 거예요.

우주는 왜 저렇게 반짝거리나요?

마틴 리스 Martin Rees
교수, 영국 왕립 천문학자

우리가 동굴에 살았던 시절부터 사람들은 어두운 밤하늘을 쳐다보면서 별이라고 부르는 저 반짝거리는 빛에 대해 궁금해했지요. 옛 조상들은 우리가 사는 세상은 커다란 돔같이 생긴 하늘로 덮여 있고, 거기에 크리스마스트리 장식처럼 별들이 매달려 있다고 생각했어요.

이제는 모두가 우주가 얼마나 큰지 알게 됐지요. 우주는 조상들이 상상할 수 없을 정도로 큰 곳이에요. 별들은 모두 태양처럼 커다랗고 밝게 빛나는 항성입니다. 아주아주 멀리 떨어져 있기 때문에 태양보다 훨씬 작고 희미한 빛으로 보이는 것일 뿐이에요. 아무리 가까운 별도 제일 빠른 우주 로켓을 타고 수십만 년이나 가야 할 정도로 멀리 있답니다.

천문학자들은 지구를 비롯한 수성, 금성, 화성, 목성, 토성, 천왕성, 해왕성 등의 혹성들이 모두 태양을 중심으로 돌고 있다는 사실을 이미 수백 년 전부터 알고 있었습니다. 그러니 다른 별들도 태양처럼 주변을 도는 혹성을 가지고 있지 않을까 하는 생각을 할 수 있지요. 1990년대까지는 아무도 이 질문에 확실한 대답을 할 수 없었습니다. 그러나 이제 천문학자들은 밤하늘에 보이는 별들 대부분은 자기 주변을 도는 혹성을 가지고 있다는 사실을 확인했습니다. 이 혹성들 중 어떤 것은 태양계에서 가장 큰 목성 정도로 크고, 또 어떤 것은 지구만 해요.

이 혹성들은 보기가 무척 힘들어요. 지구보다 더 작은 것들은 특히 힘들고요. 중심에 있는 별들에 비해 100만 배나 흐리게 보이거든요. 강력한 서치라이트 옆에 있는 개똥벌레를 찾는 일과 비슷하게 어렵습니다. 하지만 언젠가는 천문학자들이 그 혹성들을 또렷이 볼 수 있을 정도의 강력한 망원경을 개발해 낼 거예요.

여러분 중 누군가는 태양계에 있는 혹성들에 대해 배웠을 겁니다. 그리고 금성이나 목성을 직접 망원경으로 본 사람도 있을지 모르겠군요. 여러분이 나중에 커서 자녀를 낳으면 그들은 밤하늘에 대해 훨씬 재미있는 정보를 더 많이 접할 수 있을 거예요. 각각의 별에 대해 지금보다 더 많은 사실이 밝혀질 테니까요. 어떤 별의 주변을 도는 혹성들은 몇 개인지, 얼마나 큰지, 그 혹성에서의 1년은 얼마나 긴지 등등.

이런 것을 배우다 보면 가장 흥미로운 질문에 도달하게 됩니다. 이 혹성들 중에 생명체가 살고 있는 곳이 있을까 하는 물음이지요. 생명체가 있다면 그냥 벌레나 곤충들만 사는 것일까, 아니면 어딘가 먼 곳에 지능을 가진 외계인이 살고 있지는 않을까 하는 것도 궁금해지겠지요. 수많은 혹성 중 우리 인류와 비슷한 사람들이 사는 지구 같은 곳도 있을까요? 그 혹성이 도는 별을 그들도 우리처럼 '태양'이라고 부를까요? 그 존재들은 우리와 많이 다를까요? 아니면 촉수를 7개쯤 가진 생물이나, 어쩌면 자신들을 만든 생물을 정복한 컴퓨터나 로봇이 사는 혹성이 있을지도 모르지요.

이 책을 읽고 있는 어린이들 중에서 우리 지구인이 이 우주에서 유일한 생명체인지, 아니면 다른 별에 사는 생명체가 있는지 밝히는 데 도움을 줄 사람이 나올지도 모르겠어요. 여기서 한 가지는 확실합니다. 멀지 않은 미래에, 여러분은 우주에 대해 현재 천문학자들이 알고 있는 것보다 훨씬 많은 정보를 얻게 될 거라는 사실만큼은요.

왜 자기 자신을 간지럽힐 수 없나요?

데이비드 이글먼 David Eagleman

뇌과학자

정말 신기한 일이에요. 그렇죠? 자기 몸 어느 곳에 간지럼을 태워도, 심지어 발바닥이나 겨드랑이를 살살 긁어도 조금도 간지럽지 않으니까요.

왜 그런지를 이해하려면 우리 두뇌가 어떻게 작동하는지부터 알아야 합니다. 두뇌가 하는 중요한 일 중 하나는 다음에 어떤 일이 벌어질지를 추측하는 것입니다. 계단을 내려가고, 아침 식사를 하는 등의 일상생활을 하는 동안에도 두뇌의 일부는 미래, 즉 다음 순간에 무슨 일이 벌어질지 예측하기 위해 끊임없이 움직입니다.

　자전거 타는 법을 처음 배웠을 때를 기억하나요? 핸들을 똑바로 하고 페달을 밟는 데만도 굉장히 집중해야 했었지요? 하지만 시간이 흐르고 자전거 타는 게 익숙해지면, 자전거를 움직이게 하기 위해 해야 하는 동작들을 생각하지 않고도 해내게 되지요. 이렇게 경험을 통해서 두뇌는 다음 순간 무슨 일이 벌어질지 정확히 알기 때문에 몸이 자동으로 움직여 자전거를 타게 되는 것입니다. 두뇌가 필요한 동작을 모두 예측할 수 있기 때문에 가능한 것이지요.

　자전거 타는 동작에 대해 의식적으로 생각을 해야 하는 때는 뭔가가 변했을 때뿐이에요. 갑자기 강한 바람이 분다든지, 바퀴에 바람이 빠졌다든지 하는 경우 말이에요. 이렇게 예측하지 못한 사건이 벌어지면, 우리 뇌는 다음에 일어날 일에 대한 예측을 바꿀 수밖에 없습니다. 두뇌가 일을 잘 해내면 바람이 부는 방향에 맞춰 몸을 숙인다든지 해서 넘어지지 않고 자전거를 계속 탈 수 있겠지요.

　두뇌가 다음에 무슨 일이 벌어질지 예측하는 것이 왜 중요할까요? 그걸 잘해야 어떤 일을 할 때 실수를 줄이고, 심지어 위급

상황에서 목숨을 구할 수도 있기 때문이에요. 예를 들어 불이 난 곳에 간 소방대장은 즉시 소방대원들을 어떤 식으로 배치할 것인지 결정합니다. 과거의 경험을 바탕으로 어떤 일이 일어날지 내다보고, 불길을 가장 효과적으로 잡을 방법을 선택하는 것이지요. 소방대장의 두뇌는 서로 다른 방법들이 어떤 결과로 이어질지를 순간적으로 판단하고, 위험하거나 효과가 없는 방법은 머릿속에서 버립니다. 그런 과정을 통해 실제 상황에서 대원들의 목숨을 위험에 빠뜨리는 실수를 하지 않게 되지요.

이게 간지럼과 무슨 관계냐고요? **두뇌는 항상 우리 자신의 행동을 예측할 수 있고, 그 결과 간지럽힌다 해도 몸이 어떤 감각을 느낄지 이미 알고 있기 때문에 스스로 간지럼을 태울 수 없는 것이랍니다. 다른 사람이 나를 간지럽힐 수 있는 것은 갑자기 발생하는 사건, 즉 기습적이기 때문이에요.** 어떤 식으로 간지럼을 태울지 예측할 수 없기 때문에 간지러운 것입니다.

여기까지 알게 됐으니 재미있는 사실을 하나 가르쳐 줄게요. 예를 들어 여러분이 깃털을 움직일 수 있는 장치를 갖고 있다고 상상해 봅시다. 만약 여러분이 스위치를 누른 후 1초쯤 뒤에 깃털이 움직이도록 설계되어 있다면, 이 장치를 사용해서 자신을 스스로 간지럽힐 수 있습니다. 자기의 행동을 뇌가 기습적이라고 받아들이게 함으로써 가능한 것이지요.

외계인이 정말 존재하나요?

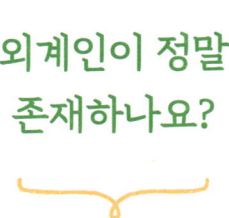

세스 쇼스탁 박사 Dr Seth Shostak
천문학자

나도 어렸을 때 수천 개의 별들이 반짝이는 밤하늘을 보면서 궁금해했었지요. "누군가 저기에 있지 않을까?"

요즘은 영화를 비롯한 각종 매체의 프로그램에 외계인이 많이 등장하지요. 한 번도 들어 보지 못한, 혹성에 사는 지능이 높은 존재들 말이에요. 그야말로 온 우주가 외계인 천지인 것처럼 느껴지지요? 하지만 영화나 텔레비전에 나온다고 해서 모두 사실인 것은 아니에요. 과학자들은 외계인에 대해 어떻게 생각할까요? 외계인은 정말 존재하는 것일까요?

답은 "아직 모른다"입니다. 대부분의 과학자는 어디엔가 외계인이 진짜로 존재할 가능성이 있다고 생각합니다. 일단 우주가 정말로 크기 때문이지요. 우리는 '우리은하', 영어로는 은하수라는 뜻의 밀키웨이Milky way라고 부르는 은하계에 살고 있습니다. 은하계는 많은 별이 모여서 만들어지는데, 우리가 사는 우리은하에는 약 1조 개가량의 별이 있어요. 그런데 우리가 망원경으로 볼 수 있는 은하계만 적어도 1000억 개는 됩니다. 그러니 우리 눈에 보이는 우주 안에 있는 혹성의 숫자만 해도 지구의 해변에 쌓여 있는 모래알의 숫자와 맞먹는 셈이에요. 생명체가 존재할 가능성이 있는 곳이 그렇게 많으니, 외계인도 있을 것이라고 생각하는 것이 논리적이겠지요.

그럼 외계인들을 어떻게 찾아낼 수 있을까요? 어떤 사람들은 눈이 왕방울만 한 외계인들이 비행접시를 타고 우주 공간을 가로질러 와서 이미 지구의 하늘을 날아다니고 있다고 믿기도 합니다. 정말 재미있는 이야기이기는 하지만 대부분의 과학자는 그게 사실이 아니라고 생각해요.

왜냐고요? 비행접시를 봤다는 목격담들이 그다지 믿을 만하지 않기 때문입니다. 하늘에서 반짝이는 빛의 정체는 정말 다양한 것일 수 있어요. 비행기, 풍선, 인공위성 등등 말이지요. 하늘에 보인 미스터리한 빛이 외계에서 온 비행선이라고 믿게 되기 위해서는 정말 확고한 증거가 있어야 합니다.

외계인을 찾는 또 다른 방법은 커다란 안테나를 세워 아주 멀리서부터 오는 전파 신호를 찾는 것입니다. 만일 다른 혹성에서 하는 방송이 들린다면, 그것은 누군가 거기에 있다는 뜻일 테니까요. 이런 전파 신호를 찾는 것이 내가 하는 일입니다. 지금까지는 외계인들이 내보내는 소리를 찾지 못했어요. 하지만 이제 시작에 불과하지요. 2050년쯤에는 뭔가 찾아낼 수 있지 않을까 생각합니다. 그러고 나면 "외계인이 있나요?"라는 질문에 대한 답은 "그렇습니다"가 되겠지요.

바람은
어디에서 오나요?

앤서니 우드워드 Antony Woodward, 롭 펜 Rob Penn
작가

바람은 공기가 한곳에서 다른 곳으로 이동하는 현상입니다. 바람의 근원은 다른 많은 것이 그러하듯이 태양이지요.

날마다 햇빛이 지구를 덥히지만 골고루 덥혀지는 것은 아닙니다. 어떤 곳이 다른 곳보다 햇빛을 더 많이 받기 때문이에요. 햇빛을 가장 많이 받는 곳은 바로 지구의 허리라 할 수 있는 적도 지방입니다. 그래서 적도 근처의 정글, 사막, 열대 섬 등이 아주 더운 것이지요. 햇빛을 가장 적게 받는 곳은 지구의 가장자리, 극지방입니다. 눈과 얼음으로 덮인 극지방에는 펭귄이나 북극곰 아니고는 살기가 힘들지요.

  따뜻해진 공기는 위로 상승합니다. 그리고 공기가 올라가면서 (이 부분이 중요해요) 생긴 빈 공간을 무엇인가가 채워야 하는데, 그게 바로 차가운 공기입니다. 온도가 높아진 공기가 위로 올라가고, 온도가 낮은 공기가 그 자리를 채우기 위해 움직이는 것이 바로 바람이에요. 허리케인이나 돌풍은 공기가 아주 빠르게 움직일 때 생깁니다(많은 양의 따뜻한 공기가 위로 올라가면, 많은 양의 차가운 공기가 빈 자리를 채우기 위해 서둘러 들어오게 되니까요). 반대로 산들바람은 올라간 공기의 양이 적어서 들어오는 공기도 천천히 움직일 때 부는 바람이지요.

  우리가 숨 쉬는 공기가 지구를 비눗방울처럼 감싸고 있는 것을 두고 대기권이라고 합니다. 이 대기권에서는 공기가 끊임없이 덥혀지고, 식고, 또 움직이며 섞입니다. 바로 이 때문에 날씨가 계속 변하는 것이죠.

  그런데 햇빛 때문에 이 모든 일이 벌어진다면 밤에는 왜 바람이 부는 것일까요? 그건 우리가 있는 곳은 밤일지 모르지만 지구의 어딘가는 밤이 아니기 때문이에요. 태양은 지구의 어딘가를 항상 비추며 공기를 뜨겁게 해서 움직이게 하고 있으니까요.

   이제 이해가 되나요? 그러면 아빠 엉덩이를 탈출하는 바람은 왜 생기는 거냐고요? 저런, 그건 아빠가 팥떡을 너무 많이 드셨기 때문이겠지요!

왜 공룡은 멸종하고
다른 동물들은 살아남았나요?

리처드 포티 박사
고생물학자

공룡들은 몸집이 아주 컸지만 그렇다고 천하무적은 아니었어요. 어떨 때는 몸집이 큰 게 생존에 그다지 유리하지 않기도 했습니다. 크기 때문에 목숨을 유지하려면 먹기도 많이 먹어야 하거든요. 티라노사우루스처럼 사나운 공룡들은 다른 공룡들을 먹고 살았지만, 이런 공룡들이 다 사라져 버리면 티라노사우루스도 살아가기가 힘들어지기 마련입니다.

6500만 년 전, 커다란 유성(아주아주 큰 바위 같은 거예요)이 지구에 부딪혀 엄청난 양의 먼지와 독소가 하늘로 올라가 무려 햇빛을 가릴 정도가 됐어요. 식물은 햇빛이 있어야 자랄 수 있지요? 햇빛이 없어지자 식물들은 시들거리다 죽어 버렸습니다. 열매랑 씨만 땅속에 남아 밖으로 나갈 기회를 기다렸지요.

그렇게 먹을 식물이 없어지자 땅에서 살던 채식 공룡들이 굶어 죽었어요. 육식 공룡들도 얼마간은 죽은 채식 공룡들의 시체를 먹고 살 수 있었지만, 그마저도 떨어지자 먹이가 없어 모두 죽고 말았습니다. 이제는 화석이 된 뼈로만 남게 됐지요.

하지만 살아남은 동물들도 있어요. 몸집이 작은 포유류와 뱀 같은 동물들은 땅속에 숨어서 살아남은 딱정벌레, 다른 작은 생물들을 먹을 수 있었거든요. 무척 힘들었겠지만 재난을 견뎌 내고 살아남은 것이지요.

한편 바다에서도 커다란 바다 공룡들은 전멸했지만, 아무거나 먹을 수 있었던 게 같은 생물들은 번창했습니다. 다음번에 바닷가에 가면 바닷게들이 우리가 흘린 음식은 뭐든지 들고 내빼는 것을 볼 수 있을 거예요. 음식을 가리는 녀석들이 아니거든요. 비슷한 이유로 조개랑 달팽이류의 동물들도 살아남았지요.

이때 멸종한 종들 중에는 몸집이 그다지 크지 않은 것들도 있어요. 나선형 화석으로 잘 알려진 암모나이트도 공룡과 같이 사라졌습니다. 암모나이트는 산양 뿔을 더 단단히 감은 것처럼 생긴 껍데기를 가지고 물속에서 살던 동물이었는데, 공룡보다 수백만 년 전부터 살고 있었던 존재였지요.

자, 이제 놀라운 이야기를 하나 해 줄 테니 잘 들어 보세요. 실은 공룡들이 모두 멸종한 게 아니에요! 몸집이 큰 공룡만 있었던 게 아니거든요. 고양이만 한 것들도 있었어요. 그런 작은 공룡들 중 어떤 것들은 깃털을 가지고 있었는데, 이 깃털 공룡들이 지금 우리가 아는 '새'의 조상이 되었습니다. 새들은 환경이 나빠지면 조금만 먹고도 견딜 수 있고, 살기 더 좋은 곳으로 날아갈 수도 있지요.

대부분의 과학자들은 새가 공룡의 후손이고, 공룡의 팔이 변한 것이 새의 날개라는 데 동의합니다. 이제 공룡이 완전히 멸종한 것은 아니라는 데 동의할 수 있겠지요? 그러니까 작은 공룡들은 죽지 않고 '날아가 버린' 거예요!

요리사들은 조리법 아이디어를
어떻게 얻나요?

고든 램지
요리연구가, 방송인

요리사들은 온갖 곳에서 아이디어를 얻습니다. 옛날 요리책, 가족, 친구 그리고 다른 요리사들에게서 말이죠. 나는 시장에서 찾은 재료들을 보고 아이디어를 얻는 경우가 제일 많아요.

나는 아침 일찍 막 열린 장에 가는 것을 아주 좋아해요. 채소, 생선, 고기 등 모든 재료가 아주 신선하거든요. 동료 요리사들이 자기 식당에서 쓸 재료들을 사기 위해 가격을 흥정하는 모습도 자주 눈에 띄지요. 제일 즐거운 때는 어떤 재료를 직접 기른 사람과 그 재료에 대해서 잠시나마 이야기를 나누는 몇 분의 시간입니다. 그들은 환경을 해치지 않고 기른, 질 좋은 유기농 작물을 시장에 내놓기 위해 크나큰 열정을 가지고 일하는 사람들이거든요.

일단 제철 재료들을 고르고 나면, 그 재료들의 장점을 드러내면서 서로 어울리게 할 수 있는 조리법과 맛을 생각하기 시작합니다. 나는 각 계절마다 나오는 재료들을 가지고 이미 사용해 본 믿을 만한 조리법도 사용하고, 새로운 조리법도 개발하곤 합니다.

추운 겨울철에는 따끈하고 푸짐한 스튜만큼 좋은 게 없지요. 특히 당근, 셀러리, 호박, 순무, 감자 같은 것들은 따뜻한 겨울 음식으로 안성맞춤이에요. 봄에는 아스파라거스가 많이 나옵니다. 난 항상 아스파라거스를 보면 기분이 좋아져요. 당연히 부엌도 바빠지죠. 구운 바닷가재 요리에 영국산 아스파라거스와 버섯을 곁들이고, 레몬 바닐라 소스를 더하면 그만이죠! 여름은 베리류의 철이에요. 내가 제일 즐겨 만드는 요리 중 하나는 신선한 여름 베리를 더한 레몬 타르트예요. 새콤한 레몬과 달콤한 베리의 맛이 잘 어울립니다. 생각만 해도 군침이 도네요. 가을은 영국 배의 전성기입니다. 벌써 배 타르트 타탱을 만들고 싶어 손이 근질거리네요. 팔각, 카다멈, 계피 같은 향신료는 배를 넣은 요리에 생기를 더해 주지요. 특별한 날에 준비하는 요리지만 만들기는 쉬운 디저트랍니다.

 요리를 할 때는 그 과정을 재미있게 즐기는 것이 중요합니다. 새로운 요리를 만들려면 서로 다른 맛을 가진 재료를 가지고 실험을 해 보세요. 맛있고 흥미로운 맛의 세계로 떠나는 모험이 언제, 어디서 여러분을 기다리고 있을지 모르니까요!

벌도 벌에게 쏘일 수 있나요?

조지 맥개빈 박사
곤충학자

네, 벌도 벌에게 쏘일 수 있답니다. 세상에는 2만여 종의 벌들이 있는데 일단 꿀벌과 땅벌 종류만 살펴볼까요? 어떤 종류의 벌들은 아예 침이 없지만, 대부분의 암벌들은 꿀을 훔치거나, 심지어 벌을 잡아먹는 적들로부터 군집을 지키기 위해 침을 가지고 있습니다. 수벌(수컷 벌)들은 침이 없고, 집단 내에서 아무것도 하지 않고 있다가 몇 마리만 여왕벌과 짝짓기를 합니다.

꿀벌들은 다른 군집 소속의 일벌들이 침입하면 그들을 침으로 쏘지만, 여왕벌은 라이벌 여왕벌을 죽이는 데만 침을 사용합니다. 새 여왕벌로 자라난 벌은 벌집의 각 방을 다니면서 다른 여왕벌이 자라나고 있으면 침으로 모두 죽입니다.

땅벌들도 다른 군집에 속하는 일벌들을 공격합니다. 침으로 찔러서 죽이는 경우도 있지만 보통은 물어서 쫓아내지요. 가끔은 침입자가 벌집 안에 잘 숨어 있다가 군집의 새로운 멤버로 받아들여지는 경우도 있다고 해요.

또한 땅벌들은 벌집 내에서 자기들끼리 서로 싸우고 침으로 찌르기도 합니다. 거기에는 복잡한 이유가 있지만 기본적으로 군집에 태어나는 수벌의 수를 줄이기 위해서예요. 왜 수벌의 수를 줄여야 하냐고요? 일벌들이 수정되지 않은 알을 낳으면 수벌로 자라나는데, 군집이 진짜 필요로 하는 것은 암컷 일벌이거든요.

일부 꿀벌 종의 일벌들은 말벌처럼 위협적인 사냥꾼들을 처치하는 특별한 기술을 갖고 있기도 하답니다. 말벌을 공처럼 완전히 둘러싼 후, 수백 마리의 벌들이 날개 근육을 떨면 공 안쪽의 온도와 이산화탄소 농도가 높아져서 말벌이 죽게 됩니다.

작은 씨에서 어떻게
나무랑 풀이 자라나요?

알리스 파울러 Alys Fowler

원예 전문가, 방송인

난 씨가 좋아요. 도토리에서 떡갈나무가 자라고, 바늘 끝만큼 작은 양귀비꽃 씨에서 커다랗고 아름다운 꽃이 피어나는 것이 너무 좋아요.

하지만 씨라고 모두 작은 것은 아닙니다. 어떤 씨는 커다랗지요. 코코 드 메르coco de mer라고도 하고, 큰열매야자라고도 하는 나무에서는 세상에서 제일 큰 씨가 나와요. 지름이 50센티미터, 무게가 30킬로그램이나 나가는 것들도 있어요. 사람들이 이 씨에 러브넛, 바다코코넛같이 좀 멋진 이름을 지어 주려고 노력을 많이 해 봤지만 사실 이 열매는 비비 궁뎅이라는 이름이 제일 적당한 것 같아요. 꼭 그렇게 생겼으니까요! 그런가 하면 비지 리지 씨처럼 겨우 눈으로 볼 수 있을 정도로 작은 씨도 있어요. 이런 씨들은 너무 작아서 심기가 무척 힘들지요. 바람이 살짝만 불어도 모두 날아가 버리니까요.

모든 씨는 크기와 상관없이 공통점을 가지고 있습니다. 안에 씨껍질에 둘러싸인 '아기 식물'이 들어 있다는 점이지요. 씨는 열쇠가 있어야 열리는 수수께끼라고 할 수도 있습니다. 그 열쇠란 바로 물, 열 그리고 빛입니다(열과 빛은 모두 태양에서 오지요). 이 열쇠들을 모두 함께 가지면 씨껍질이 열리고, 안에 든 아기 식물이 자라기 시작해요.

씨껍질이 열쇠가 있어야만 열리는 이유는 아기 식물이 1년 중 가장 적당한 시기에 싹이 나기 시작해야 하기 때문이랍니다. 추운 겨울 새벽에 침대에서 일어나는 게 좋은 사람은 아무도 없을 거예요. 씨들도 마찬가지죠. 씨들은 흙 속에 가만히 숨어서 자라나기 좋은 온도가 될 때까지 기다린답니다.

그리고 물이 있어야 딱딱한 씨껍질이 부드러워져서 안에 든 아기 식물이 표면을 뚫고 밖으로 나올 수 있어요. 마른 콩이 얼마나 딱딱한지 알지요? 그것을 연약한 싹이 뚫고 나오는 걸 상상해 보세요. 씨가 물을 충분히 빨아들여서 껍질이 부드러워져야 싹이 틀 수 있습니다. 뻣뻣한 수건에 물을 묻히면 부드러워지는 것과 같은 이치이지요.

  씨 안에는 아기 식물이 먹고 자랄 수 있는 양식이 어느 정도는 들어 있습니다. 그래서 처음에는 햇빛이 필요하지 않아요(그래서 땅 밑에서도 자랄 수 있는 거예요). 하지만 흙 표면을 뚫고 나온 후부터는 햇빛이 식물에 에너지를 줍니다. 적당한 양의 물과 열과 양분이 있다면 아기 식물은 어른 식물로 자라나게 되지요.

두뇌는 어떻게
나를 조종하나요?

수전 그린필드 남작 Baroness Susan Greenfield
신경과학자

이 질문에는 아주 중요한 단어 2개가 들어 있습니다. 바로 '두뇌'와 '나'라는 단어예요. 먼저 이 단어들이 무슨 뜻인지 정확히 이해하고 넘어가야 합니다.

두뇌란 우리 머리 안쪽을 꽉 채우고 있는 회색 물건인데, 주름이 많이 진 커다란 호두처럼 생겼어요. 호두와는 달리 달걀 반숙처럼 말랑말랑하지만 말이에요. 하지만 두뇌는 호두나 달걀보다 하는 일이 훨씬, 훨씬 더 많지요.

우리가 보고, 듣고, 감촉을 느끼고, 냄새를 맡고, 맛을 느끼는 것은 모두 두뇌 덕분입니다. 또 두뇌는 팔, 다리 등 온몸에 있는 수많은 근육을 진두지휘해서 움직일 수 있도록 하는 중앙 본부이기도 합니다. 그러나 가장 중요한 것은 우리가 두뇌를 가지고 생각을 한다는 사실이지요. '나'라는 존재가 무엇인가를 생각하는 것도 '두뇌'를 가지고 한다는 뜻입니다.

그럼 두뇌 안에서 어떤 일이 일어나는지 살펴볼까요? 갓 태어난 아기의 두뇌는 아기 침팬지의 두뇌와 크기가 비슷합니다. 하지만 그다음에 정말 신기하고 놀라운 일이 벌어집니다. 우리 두뇌는 너무 작아서 현미경으로만 볼 수 있는 아주 작은 수천억 개의 세포들로 이루어져 있습니다. 이 세포들이 바로 두뇌라는 집을 짓는 벽돌이라고 보면 돼요. 그런데 이 세포들은 우리가 태어난 다음에 서로서로 연결이 됩니다. 끈처럼 생긴 세포로 서로 연결이 되고, 이 연결 고리가 길어지고, 그 수가 늘어나면서 우리 뇌도 자라납니다. 침팬지의 뇌가 자라는 속도나 크기와는 비교가 되지 않을 정도로 말이지요. 왜 이것이 흥미롭고 중요한 일일까요?

인간은 다른 동물들과 비교해서 그다지 빨리 뛰지도, 멀리 보지도, 힘이 세지도 않습니다. 하지만 다른 어떤 종보다 번창

해서 지구의 넓은 부분을 차지하고 살고 있습니다. 인간이 무엇보다도 잘하는 것이 있기 때문입니다. 그건 바로 배우는 일, '학습'이랍니다.

  인간은 경험을 통해 배우는 것을 정말 잘하기 때문에 태어난 환경에도 잘 적응할 수 있습니다. 이렇게 잘 배울 수 있는 것은 우리가 살아 있는 한, 매 순간 뇌의 세포들이 서로서로 연결하면서 일하기 때문이지요. 또 우리가 하는 모든 경험은 뇌세포의 연결을 바꿉니다. 그래서 똑같은 유전자를 가지고 태어난 일란성쌍둥이라 하더라도, 각각 고유한 모양으로 연결된 뇌세포들을 가지게 됩니다. 각자의 경험은 그 사람에게만 일어난 유일한 일이기 때문이지요. 같은 집에서 같은 가족들과 생활한다 해도, 각 개인은 다른 사람들에게 일어난 일과는 다른 자기만의 독특한 경험을 하게 됩니다. 누군가와 이야기를 하고, 게임을 하고, 음식을 먹고, 창문 밖을 내다보는 등의 일상적이고 평범한 일을 할 때도 뇌세포의 연결 고리가 변화하면서 결국 각각의 독특하고 특별한 사람으로 거듭나는 것입니다.

  다시 질문으로 돌아가면, 이런 이유에서 '두뇌'와 '나'는 같습니다. 한쪽이 다른 한쪽을 조종할 수 없지요. 하지만 어떻게 호두처럼 생기고 달걀처럼 말랑한 물건이 내가 '나'라는 사실을 느끼게 해 주는지는, 아직까지 풀지 못한 커다랗고 어려운 문제랍니다.

지구온난화가 뭐예요?

매기 에더린-포콕 박사 Dr Maggie Aderin-Pocock
우주과학자

요즘 지구온난화라느니, 기후 변화라느니 하는 말을 많이 듣게 됩니다. 우주과학자인 나는 현재 벌어지고 있는 기후 변화들을 이해하는 데 도움이 되는 기계를 만드는 일을 해요. 사실 과거를 돌이켜 보면 지구의 기후는 항상 변해 왔어요. 빙하기, 가뭄, 극심한 더위가 반복되어 왔지요. 그런데 왜 요즘 들어 사람들이 유독 기후 변화를 걱정하는 걸까요?

지금 우리가 겪고 있는 기후 변화는 속도가 굉장히 '빠르게' 일어난다는 점이 문제예요. 지금까지 기후가 이렇게 빨리 변한 적은 한 번도 없었거든요. 이 변화가 화산이나 태양의 활동 같이 자연적 사건으로 생기는 것이 아니라는 점도 문제지요. 바로 우리 인간들의 행동 때문에 지구의 기후가 아주 빨리 변화하고 있다는 것입니다. 기술이 발달할수록 자주 사용하게 되는 기계들을 돌리려면 그만큼 더 많은 에너지가 필요합니다. 자동차, 비행기, 컴퓨터는 물론이고, 이제는 2살인 내 딸까지 아이패드로 영상을 보는 실정이니, 한 인간이 아주 어릴 때부터 에너지를 사용하는 것이지요.

더 많은 에너지를 만들어 내기 위해서 차에 넣는 가솔린, 화력발전소에서 쓰는 석탄, 천연가스 등의 화석 연료를 더 많이 태우게 됩니다. 그렇게 해서 우리가 원하는 에너지를 얻을 수 있지만, 그와 동시에 이산화탄소 같은 '온실가스'도 생기지요. 이 가스들은 지구 대기권에 머무르면서 태양에서 나온 열이 지구 밖으로 나가지 못하도록 가두는 역할을 합니다. 그 결과, 날씨가 변하고 지구 전체의 기온이 올라가는 거예요. 언뜻 들으면 그게 뭐 그리 큰일이냐 하고 생각할 수 있지만, **지구의 기온이 올라가면 전 세계적으로 홍수, 가뭄 등의 재해가 생겨 많은 사람이 피해를 보게 됩니다.**

이럴 때 우리가 개인적으로 할 수 있는 일이 있을까요? 지구 온난화 문제는 세상 모든 사람에게 영향을 미치는 커다란 문제이지만, 우리가 하는 조그만 일들이 모이면 도움이 될 수 있습니다.

* **에너지 절약하기** : 우리가 에너지를 더 쓰는 것 때문에 기후가 변하는 것이니 에너지 사용을 줄이는 일이면 뭐든 도움이 될 거예요. 예를 들어 쓰지 않는 전등을 끄는 일이나, 난방을 줄이고, 에너지 절약형 전구를 사용하는 것 등의 일이 포함됩니다.
* **최대한 재활용하기** : 유리, 플라스틱 등을 만들려면 많은 에너지가 소모됩니다. 그런 것들을 재활용하면 이미 만들어진 물건을 다시 사용하는 것이니, 에너지를 절약하는 셈이지요.
* **사는 지역에서 나온 음식을 먹기** : 해외에서 자란 식재료를 비행기로 가져오면 그 과정에서 에너지가 많이 쓰입니다. 따라서 가까운 곳에서 난 재료로 만든 음식을 먹으면 해외 식재료를 가져오는 데 드는 운송 에너지를 절약할

수 있어요. 사실 나도 이 부분은 실천하기가 참 어려워요. 바나나를 무척 좋아하는데 내가 사는 영국에서는 바나나가 나질 않거든요. 그래서 바나나를 덜 먹으려고 노력하는 중이에요.

✸ **다른 사람에게 알리기** : 지구온난화는 전 세계에 영향을 미치는 문제이니, 많은 사람이 관심을 가질수록 더 좋지요. 모두 힘을 합치면 해낼 수 있습니다. 가까운 친구에게 이 이야기를 전해 주세요.

왜 동물들은
우리처럼 말을 못하나요?

노엄 촘스키 | Noam Chomsky
언어학자, 철학자

모든 동물은 자기와 같은 종류의 동물들과 어떤 형태로든 말하는 방법을 알고 있습니다. 침팬지는 침팬지들끼리, 벌은 벌들끼리…… 진짜 사람처럼 말을 한다는 뜻은 아니지만, 울음소리라든지, 날개를 젓는 모양이라든지 등 각각 나름의 다양한 방법으로 서로 의사소통을 하는 것을 의미해요. 동물은 사람처럼 말할 수 없고, 우리는 동물처럼 의사소통할 수 없습니다. 간혹 어떤 사람들은 새소리를 너무 똑같이 흉내 내서, 새들이 동료가 부르는 소리로 착각하게 만드는 경우가 있기도 하지만요.

벌은 친구 벌에게 꽃이 얼마나 멀리 떨어져 있는지, 어느 방향에 있는지 그리고 그것이 어떤 종류의 꽃인지 말해 줄 수 있습니다. 우리가 절대 흉내도 내지 못하는 복잡한 춤으로 이 뜻을 전하지요. 벌들이 전달하는 종류의 정보를 우리는 그렇게 정확히 전달할 수도 없어요. 원숭이들은 위험한 동물이 가까이 접근할 때, 배고플 때 등 하고 싶은 말에 따라 다른 울음소리를 냅니다. 다른 동물들도 비슷하지요.

인간의 언어는 여러 가지 면에서 이와 다릅니다. 세상에 인간과 비슷한 종류의 언어를 가진 동물은 하나도 없어요. 동물들은 동료들에게 전달할 수 있는 정보 리스트를 갖고 있지만, 새로운 걸 만들어 낼 수는 없어요. 하지만 **인간들은 항상 새로운 말을 만들 수 있습니다. 이때까지 들어 보지 못한 말들, 인류가 이 세상에 존재한 이래 누구도 해 보지 않은 말들도 만들어 낼 수 있는 능력을 가진 것입니다.** 사실 여러분도 별생각 없이 이런 일을 항상 하고 있어요!

인간과 동물들은 어느 정도까지는 서로의 말을 이해할 수 있습니다. 반려견과 함께 사는 사람은 "앉아!" 하고 말하면 개가 앉도록 훈련을 시킬 수 있지요. 이 밖에도 몇 가지 정도는 노력하면 가르칠 수 있습니다. 고양이는 주인에게서 뭔가를 원할 때 야옹야옹 하고 우는 것을 배웁니다. 하지만 그렇다고 해서 개와 고양이가 주인이 하는 말을 완전히 이해한 것은 아닙니다. 그리고 어린아이가 하는 것처럼 새로운 말을 이해할 수 있는 것도 아니지요.

다른 새들의 노랫소리를 흉내 내는 재주를 가진 새들이 있습니다. 이 새들은 심지어 사람들의 말까지 흉내 냅니다. 앵무새가 대표적인 예죠. 앵무새들이 그런 재주를 부릴 때면 말을 하는 것처럼 들리지요? 그렇다고 해서 앵무새들이 사람이 말하는 것처럼 언어를 사용하는 것은 아닙니다. 그리고 다른 동물들과 마찬가지로 앵무새들도 새로운 표현을 만들어 낼 능력은 갖고 있지 않습니다.

영장류(인간, 오랑우탄, 침팬지 등 가장 고등한 동물을 의미해요)를 연구하는 일부 과학자들은 영장류가 인간의 언어를 어느 정도 배울 수 있다고 믿습니다. 하지만 이에 대해 나를 포함한 몇몇 과학자들은 그러한 믿음은 일종의 착각에 가깝다고 여깁니다. 영장류가 하는 행동이 언어와 관련된 것이 아니라, 완전히 다른 종류의 것이라고 생각하거든요.

참 재미있는 질문을 해 주었어요. 여러분도 이 물음에 관해 좀 더 자료를 찾아보고 알아보면 흥미로운 것들을 많이 배우게 될 거예요. 어쩌면 여러분이 커서 새로운 사실을 발견해 낼지도 모르지요. 인간의 언어와 동물에 관해 우리가 잘 모르는 것이 여전히 엄청나게 많으니까요!

자동차는
어떻게 움직이나요?

데이비드 루니 David Rooney

런던 과학박물관 운송기관 큐레이터

자동차는 엔진의 힘으로 바퀴가 돌아가기 때문에 움직일 수 있습니다. 바퀴가 돌아가면서 고무 타이어가 길의 표면을 꽉 붙잡았다 밀어내기 때문에 차가 움직이는 것이지요. 그렇다면 바퀴는 어떻게 돌아가는 것일까요?

먼저 주유소에 가서 차에 연료부터 넣고 출발해 볼까요? 아마 휘발유 아니면 경유를 넣겠지요. 이것들은 차의 음식과 마찬가지예요. 주유소의 호스를 차의 옆에 난 구멍에 끼워 연료를 넣지요. 구멍은 연료 탱크로 연결이 되어 있습니다. 여러분도 어른들이 차에 기름을 넣는 것을 본 적이 있지요? 이렇게 연료를 주입할 때면 나는 냄새가 별로 좋지 않지요.

　연료를 집어넣은 다음, 시동을 걸면 연료가 차의 엔진으로 들어갑니다. 엔진은 차 앞쪽에 있는 복잡하게 생긴 시끄러운 장치예요. 엔진은 연료를 조금씩 태워 아주 작게 폭발을 하도록 합니다. 이 작은 폭발의 힘으로 엔진 안에 있는 축이 돌아가요. 축이란 연필처럼 생긴 쇠막대기인데, 연필보다 훨씬 크고 단단합니다. 물론 이 축으로 여러분의 숙제를 할 수는 없어요.

　엔진 안에서 아주 빨리 돌아가는 이 축을 자동차 아래에 있는 바퀴에 연결하지 않으면 차가 움직이지 않아요. 그런데 이게 결코 간단한 문제가 아닙니다. 엔진은 항상 굉장히 빨리 움직이고 싶어 하는데, 운전자는 차를 어떨 때는 빨리, 어떨 때는 천천히 움직여야 하잖아요. 그래서 엔진하고 바퀴 사이에 또 다른 기계가 들어가는데, 이를 '기어박스'라고 해요. 기어박스가 엔진의 속도와 차의 속도가 달라서 생기는 문제를 해결합니다.

　자, 이제 차가 움직입니다. 하지만 시작일 뿐이에요. 가고자 하는 목적지에 따라 차의 방향을 왼쪽, 오른쪽으로 바꿀 수도 있어야 하겠지요? 이를 위해 운전대가 있습니다. 운전대와 연결된 앞바퀴가 왼쪽, 오른쪽으로 돌아가면 차도 같은 쪽으로 방향을 틀게 돼요.

이 정도면 차가 가는 건 아무 문제가 없습니다. 그런데 차의 속도를 줄이거나 멈출 수도 있어야 합니다. 이것은 브레이크의 역할이지요. 예컨대 자전거 핸들에 달린 브레이크 레버를 당기면 속도가 줄어듭니다. 이것은 레버에 연결된 고무판들이 바퀴를 누르거나, 바퀴에 달린 쇠 원판을 붙잡거나 해서 생기는 일이에요. 차도 마찬가지예요.

다음에 차에 타거든 운전자가 사용해야 하는 온갖 스위치, 다이얼, 레버 등을 눈여겨보세요. 그 복잡한 장치들이 모두 차가 가고, 방향을 틀고, 멈추는 데 필요한 것은 아니에요. 히터, 에어컨, 램프, 잠금장치, 오디오, 윈도우 워셔액(앞 유리 세척에 쓰이는 액체) 등 차에 필요한 여러 장치들이 작동되도록 하는 것들도 있지요.

가만히 생각해 보면 이렇게 복잡한 자동차가 문제없이 굴러다니는 게 신기할 지경이에요!

맨 처음 반려동물을 키운 건 누구였나요?

실리아 해던 Celia Haddon
반려동물 상담사, 작가

　세상에서 제일 처음으로 반려동물을 기른 사람의 이름은 모릅니다. 하지만 첫 반려동물이 '개'였을 것이라는 건 알아요.

　개들이 사람과 함께 생활하기 시작한 것은 수천 년 전의 일입니다. 길게는 4만 년 전부터일 거라고 생각하는 사람들도 있습니다. 사냥하고 열매를 따서 생활하는 무리를 떠돌이 개들이 따라다니면서 인간과 개의 관계가 처음 시작되었을 것이라고 추측들 합니다. 그러다 그 개들 중 일부가 반려동물이 되거나, 사냥을 돕는 등 동반자 역할을 하기 시작했겠지요.

알려진 반려견 중 가장 오래전에 살았던 개는 1만 년 내지 1만 2000년 전 지금의 이스라엘 지역에서 사람 무덤에 함께 묻힌 강아지입니다. 그 무덤에는 강아지를 쓰다듬 듯 강아지 위에 손을 올리고 누운 여성이 묻혀 있습니다. 어쩌면 그녀는 하늘나라에서나, 다음 생애에서도 그 강아지가 자기의 동반자가 되기를 바랐는지도 모르겠어요.

고대 이집트인들도 개를 반려동물로 길렀습니다. 무덤에 개의 그림이 그려진 것을 자주 볼 수 있고, 어떤 것들은 이름까지 같이 새겨져 있기도 합니다. 이집트인들은 에보니, 블래키, 빅 등의 이름을 붙였던 것 같아요. 고대 로마인들도 반려견을 길렀는데, 인기 있는 이름은 귀엽고 작은 느낌의 펄, 돌리, 꼬맹이, 딱부리 등이었습니다.

고양이들이 사람 주변에서 살기 시작한 것은 인간이 농업을 시작한 신석기시대부터인 것 같아요. 반려동물이었을 것으로 추측되는 첫 번째 고양이는 현재 사이프러스라고 부르는 섬에서 9000년 전쯤 자기 무덤에 묻힌 녀석입니다. 이 고양이 무덤에서 약 40센티미터 떨어진 곳에 인간이 묻힌 무덤이 있어요. 아마 그 사람의 반려 고양이었던 것 같아요.

고대 이집트인들도 고양이를 반려동물로 길렀어요. 고양이를 아주 좋아한 이집트인 중에 이름이 알려진 사람도 있습니다. 바켓 3세라는 사람은 4000년 전에 살았는데, 그 사람의 무덤에는 쥐를 마주 보고 있는 고양이 그림이 새겨져 있습니다. 아마 아주 작은 고양이였거나, 아주 큰 쥐였던 것 같아요. 두 녀석의 크기가 거의 비슷하거든요.

고대 그리스인들과 로마인들도 부조(돌이나 나무 등 평면의 재료를 깎거나 파서 표현하는 미술의 한 형식), 그림, 모자이크 등으로 고양이를 표현했습니다. 하지만 이름은 같이 새겨 넣지 않았어요. 고대 이집트인들도 마찬가지고요. 그래서 옛날에 살았던 고양이들이 어떤 이름을 가지고 있었는지는 알 수가 없습니다.

혹성들은 왜 둥그렇게 생겼어요?

크리스토퍼 라일리 교수 Professor Christopher Riley
과학 저널리스트, 작가

1519년, 포르투갈의 탐험가 페르디난드 마젤란이 심연으로 떨어지지 않고 지구를 1바퀴 도는 것에 성공한 이후, 우리는 지구가 둥글다는 사실을 확실히 알게 됐습니다. 물론 최근 들어서는 우주에서 직접 지구를 보고 그 사실을 눈으로 확인할 수 있게 되었지요. 처음에는 인공위성을 쏘아 올려서 보고, 다음에는 사람이 직접 우주에 올라가서 보기도 했고요. 1961년, 유리 가가린은 지구를 단 108분 만에 1바퀴 돈 최초의 인간이 되었습니다. 그 후 약 10년에 거쳐 24명의 우주인들이 달로 날아가서 둥그렇고 푸르른 고향 지구를 약 40만 킬로미터 떨어진 거리에서 직접 바라보았습니다.

　지구, 달 그리고 지금까지 우리가 로봇 탐사선으로 탐험한 모든 태양계의 혹성이 둥근 공 모양입니다. 왜 모든 혹성이 둥근지 이해하려면 시간을 거슬러 올라가는 여행을 해야 합니다. 아주아주 옛날, 지구나 태양이 만들어지기도 전의 시간으로 말이지요. 자, 떠나 볼까요? 우리는 지금 우주 공간에서 아주 거대한 가스와 먼지 구름 위를 떠다니고 있어요. 구름이 너무 커서 그 끝을 볼 수가 없네요. 구름은 수소와 헬륨 가스 그리고 몇몇 다른 원소와 화합물로 이루어져 있습니다.

　시간을 앞으로 빨리 돌려 봅시다. 갑자기 구름을 관통하는 충격파가 퍼져 나가는 게 보입니다. 그 충격파는 이웃에 있던 별이 수명을 다한 후 마침내 폭발하면서 생긴 거예요. 충격파가 구름을 훑고 지나가면서 먼지와 가스를 압축하고, 휘젓고 하면서 거대한 소용돌이 무늬가 생깁니다.

　이렇게 소용돌이 모양으로 회전하는 가스와 먼지는 주변보다 조금 더 밀도가 높기 때문에 더 많은 물질을 끌어당기기 시작합니다. 이렇게 끌어당기는 힘을 '인력引力'이라고 하지요. 회전하는 덩어리가 커지면 커질수록 인력도 더 커집니다. 크기도 빠른 속도로 커지고, 그 과정에서 일부는 서로 부딪히고 끌어당기면서 더 큰 덩어리를 만들지요. 점점 커 가는 인력의 힘이 중심을 향해 똑같은 힘으로 물질들을 잡아당기게 되니, 어린 혹성들이 금방 공 모양을 띠게 되는 것입니다.

지구라는 혹성에 살고 있는 여러분은 혹성의 표면이 반드시 평평하고 매끄러운 것은 아니라는 사실을 알고 있을 것입니다. 지구는 산과 계곡들 덕에 표면이 울퉁불퉁해요. 하지만 우주 공간까지 뻗쳐오른 산은 없다는 것도 알 거예요. 중심을 향해 일정한 세기로 잡아당기는 인력의 힘은 지나치게 솟아오르려 하는 산이 있으면, 그것을 지구의 뜨겁고 부드러운 내부로 끌어당겨서 좀 더 일정한 공 모양을 유지할 수 있게 합니다.

지구가 완벽한 공 모양은 아니긴 해요. 현대 기술로 지구를 재 보니, 지름이 일정한 공 모양은 아니라는 사실이 밝혀졌습니다. 혹성들은 자전 때문에 적도 쪽이 좀 더 밖으로 튀어나가서 위에서 살짝 누른 공 모양을 하고 있대요. 지구의 경우는 남북극의 거리보다 적도의 지름이 40킬로미터 더 길다고 하고요.

2장

엉뚱해서 더 기발해요, 물어보는 게 가장 중요해요

우리는 왜 음식을
익혀 먹나요?

헤스턴 블루먼솔 Heston Blumenthal
요리사

물론 음식을 꼭 익힐 필요는 없어요. 약 150만 년에서 200만 년 전, 인류가 불을 발견하기 전에는 익힐 필요가 없는 열매나 견과류 같은 것들을 먹었을 겁니다. 동물하고 마찬가지로 말이지요. 그리고 익히지 않은 고기와 생선을 뜯어 먹었을 테지요. 굉장히 질기고 맛도 별로 없었을 거예요.

한 가지 이상한 점은, 불을 발견한 후에도 아주 오랫동안 그 누구도 음식을 익히는 데 불을 사용할 생각을 하지 않았다는 사실이에요! 수천 년 정도를 그렇게 살았다고 해요. 불을 피우는 것은 주로 짐승들을 쫓아내기 위해서였습니다.

학자들은 어느 날 누군가가 실수로 생고기나 생선을 불에 떨어뜨렸는데, 시간이 조금 흐른 다음에 그 냄새가 좋다는 것을 깨닫고, 맛을 보니 불에 달군 음식이 훨씬 더 먹기 좋다는 것을 알아차렸을 것이라고 추측합니다. 이렇게 해서 음식을 익히는 조리법이 탄생했고, 모두 음식을 익혀 먹게 되었지요.

우선 음식을 익히면 3가지 중요한 효과를 얻게 됩니다.

첫째, 생으로 된 딱딱한 식재료를 익히면 부드럽고 먹기 쉬운 음식으로 변합니다. 감자를 예로 들어 볼까요? 딱딱한 감자를 익히면 부드럽고 포근포근한 으깬 감자를 만들 수 있지요.

둘째, 음식을 익히면 우리 몸이 훨씬 안전해집니다. 간혹 음식 중에는 우리를 아프게 하는 미생물이 들어 있기도 합니다. 하지만 이 미생물들은 대부분 높은 온도를 싫어하지요. 음식을 익히면 미생물이 죽기 때문에 그걸 먹어도 사람이 아프지 않습니다.

셋째, 사실 이 부분이 나 같은 요리사에게는 가장 신나는 대목이에요. 같은 재료도 익히면 정말 훌륭한 모양과 냄새와 맛이 나는 다양한 음식으로 변화시킬 수 있습니다. 무엇이든 간에 모두 열과 닿으면 변화합니다. 나무나 석탄을 태우면 재로 변하지요. 양초도 열을 가하면 천천히 녹아 없어지고요. **열을 가하면 음식의 촉감만 좋아지는 것이 아니라 재료의 성분을 분해해서 맛을 내는 입자가 만들어지고, 또 그 입자들끼리 반응해서 새로운 맛이 탄생하기도 합니다.** 분홍색의 물컹물컹한 소시지가 육즙이 주르륵 흐르는, 갈색을 띤 먹음직스러운 소시지로 변하게 하는 것도 열이지요. 하얀 밀가루 반죽 덩어리를 군침 도는 빵으로 변하게 하는 것도 열이고, 그 빵에 다시 열을 가하면 아침에 먹는 바삭바삭한 맛있는 토스트가 되기도 합니다.

나는 어렸을 때부터 요리하는 것을 좋아했어요. 그때부터 지금까지 요리는 항상 마술처럼 느껴져요. 재료가 변화하는 것을 보는 건 정말이지 큰 즐거움입니다. 하지만 그보다 더 큰 즐거움이 있다면 그건 바로 음식을 먹는 일이에요!

운동 경기를 할 때 자꾸 져도
용기를 잃지 않는 방법을 가르쳐 주세요

데임˚ 켈리 홈즈 경 Dame Kelly Holmes
육상선수, 올림픽 금메달 2관왕

첫째, 누구나 질 때가 있고, 운동 경기를 하다가 져도 괜찮다는 사실을 아는 것이 중요합니다. 나도 육상선수로 활약하는 동안 모든 경기를 다 이긴 건 아니에요. 초등학교에 다닐 때도 항상 1등을 하지는 못했지만 참가하는 게 그저 좋았고, 다음 경기에서 더 좋은 성적을 거두기 위해 늘 노력했답니다.

내가 12살 때 처음으로 참가한 아주 중요한 경기에서 2등을

˚ '데임'은 영국 왕실이나 정부가 훌륭한 성취를 한 여성에게 수여하는 기사 작위를 의미해요. -옮긴이

한 적이 있어요. 실망했지만 다음에 더 잘해야겠다는 결심을 굳혔지요. 이기고 싶었으니까요. 물론 실망하는 것도 아주 나쁜 일만은 아니에요. 정말 잘하고 싶다는 마음이 있다는 뜻이니까요.

==이기지 못했다고 해서 그것이 '실패는 아니라는 사실'을 꼭 기억하세요. 그보다는 목표를 갖는 것이 훨씬 더 중요합니다.== 실전 경기나 트레이닝을 시작하기 전에, 나는 코치와 같이 앉아서 노트에 목표를 적어 봅니다. 내가 목표로 하는 달리기 기록이나, 어떤 식으로 경기를 펼칠 것인지 등을 작성하지요. 몇 등을 하느냐의 문제는 중요하지 않아요. 내가 코치와 정한 목표를 달성하기만 하면 만족합니다. 이런 식으로 목표를 세우고, 거기에 집중하면 항상 더 나아지게 되어 있어요.

또 한 가지 중요한 것이 있어요. 본인 혹은 본인 팀이 쉽게 이길 것 같은 경기에 참가할 때는 자기 자신과 경쟁하고 자신에게 도전하는 것을 목표로 삼습니다. 그렇게 경기를 하면 다음번에 어려운 경쟁 상대를 만나도 더 나은 실력으로 달릴 수 있거든요.

경기에서 이기는 실력은 하룻밤 사이에 갖춰지는 것이 아니

랍니다. 정말 열심히 연습해야 하고, 하기 싫은 부분도 연습해야 합니다. 예를 들어 내가 아직 현역 육상선수였을 때 반복 연습을 참 많이 했었어요. 무지하게 지루했죠. 하지만 그런 지루한 연습을 열심히 해야만 더 빨리 뛸 수 있다는 걸 잘 알고 있었어요. 훈련할 때나, 경기할 때나 100퍼센트 최선을 다하지 않는 것이 바로 진정한 의미에서 '지는' 거예요. 자기 자신을 실망시켰기 때문이지요.

하지만 가장 중요한 것은 운동 경기를 즐기는 일입니다. 애초에 우리 모두 즐겁기 위해 운동을 하는 것이니까요!

왜 화장실에 가야 하나요?

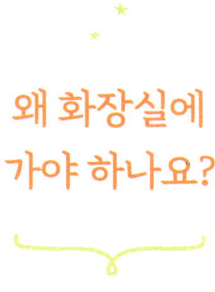

애덤 하트-데이비스 Adam Hart-Davis
저널리스트, 작가

음, 난 가고 싶을 때 가는데…… 어떨 때는 진짜 참기 힘들어질 때까지 안 가기도 하지만요.

우리는 소변도 봐야 하고 대변도 봐야 해요. 하지만 이 두 행동에는 완전히 다른 이유가 있습니다. 소변은 방광이 꽉 찼을 때 보게 됩니다. 방광은 아랫배 안에 있는 주머니 같은 거예요. 소변이 점점 모여서 방광을 채웁니다. 마치 풍선에 바람을 넣는 것과 비슷하지요.

방광이 거의 꽉 차면 뇌로 경고 신호를 보내고, 그러면 우리는 소변을 보고 싶다고 느낍니다. 괄약근이라는 고무로 된 반지 같은 근육이 평소 방광 아래쪽을 꽉 조이고 있어요. 풍선에 바람을 불어넣는 곳을 고무 밴드로 꽉 조이는 것과 마찬가지지요. 화장실에 가면 그 밴드를 느슨하게 풀고 입구를 엽니다. 그러면 소변이 쏟아져 나오지요.

 몸속 근육을 만들고 수리하려면 날마다 단백질을 조금씩 먹어야 합니다. 단백질은 달걀, 우유, 생선, 고기, 치즈, 콩 등에 들어 있어요. 우리 몸은 음식에 들어 있는 단백질을 분해해서 우리에게 필요한 단백질을 만들어 냅니다. 레고 블록과 비슷하지요.

 모든 단백질에는 근육에 필요한 '질소'라는 원소가 들어 있습니다. 문제는 몸에 없으면 안 되는 이 질소를 충분히 확보하기 위해서는 필요한 양보다 많이 먹어야 된다는 사실입니다. 그런데 필요한 양 이상의 질소가 몸속에 있으면 독이 될 수 있기 때문에 남는 질소를 없애야 합니다. 우리 몸은 이 남는 질소를 간으로 보내 요소라는 화학물질로 바꿉니다. 우리가 물을 충분히 마시면 이 요소가 피를 통해 신장으로 옮겨 가고, 신장에서는 몸에서 재활용할 수 있는 화학물질은 모두 걸러 낸 다음, 물에 녹아 있는 요소를 남깁니다. 그게 바로 소변이지요.

　새들은 물을 많이 마실 수가 없어요. 그러면 너무 무거워져서 날아다닐 수가 없거든요. 그래서 새들은 요소를 만드는 대신 요산을 만들어 질소를 몸 밖으로 내보냅니다. 요산은 하얀색 고체인데, 바로 이것 때문에 새들은 소변을 누지 않고 하얀색이 감도는 대변을 누는 거예요.

　인간이 대변을 보는 이유는 크게 2가지입니다. 첫째, 소화되지 않은 섬유소를 몸 밖으로 배출해야 하기 때문이에요. 섬유소란 식물의 질긴 부분을 말합니다. 섬유소가 포함된 음식을 많이 먹으라는 이야기를 어른들이 많이 하고, 식품의 포장 겉면에도 섬유소가 얼마나 들어 있는지 표시돼 있지요.

　우리는 먹은 음식의 대부분을 소장에서 소화시킵니다. 소장은 엄지손가락 두께 정도 되는 말랑말랑한 관인데, 길이가 무려 5~6미터 정도 됩니다. 대장에서는 음식을 쥐었다 폈다 하면서 움직이게 하는데, 섬유소가 있으면 음식물을 밀어내는 작업이 훨씬 쉬워집니다. 그래서 섬유소는 몸에서 소화되지는 않지만, 나머지 음식을 소화시키는 데 도움이 되지요.

　두 번째로, 몸에서 죽은 혈액 세포를 없애기 위해서도 대변을 봐야 합니다. 혈액 세포들은 폐에서 받은 산소를 온몸으로 전달해서 두뇌와 근육 같은 것들이 작동될 수 있도록 합니다. 핏속에 있는 화학물질 헤모글로빈이 산소를 싣는 트럭 역할을 하지요. 유효기간이 지난 헤모글로빈은 간으로 가고, 간에서는 재활용할 수 있는 것을 빼낸 다음, 나머지를 보내 대변에 보탭니다. 다 쓴 헤모글로빈은 빌리루빈이라고 부르는 갈색 화학물질이 되는데, 바로 이 때문에 대변이 갈색으로 보이는 거예요. 자, 바로 이런 이유 때문에 우리가 화장실에 가야 하는 것이랍니다.

사자는 왜 포효하나요?

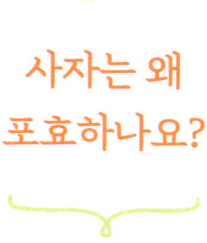

케이트 험블 Kate Humble
야생 동식물 다큐멘터리 해설자

내일 체육 수업이 있는데 운동화가 보이지 않아요. 옷장, 침대 밑, 심지어 냄새를 빼려고 밖에 뒀을까 하고 창틀까지 봤는데…… 모든 곳을 다 찾아 봤는데도 보이지 않는 거예요. 옷장에 있는 걸 모두 끄집어내고, 가방을 뒤집어 보고, 혹시 강아지가 훔쳐 갔을까 봐 강아지 침대까지 뒤집어 봤지만 전혀 소용이 없어요. 신발이 완전히 사라져 버린 거죠. 이럴 때 우리는 어떻게 합니까? 당연히 엄마를 불러야죠. "엄마!"

엄마가 못 들었나 봐요. 다시 한번 더 크게, "엄마아아!" 하지만 엄마는 부엌에서 라디오를 켜 놓고 노래를 따라 하면서 설거지를 하나 봐요. 그래서 이번엔 숨을 크게 들이쉬고, 할 수 있는 제일 큰 목소리로 "엄마아아아아아아!" 하고 부르죠. 엄마가 당황한 표정으로 달려옵니다. 혹 계단에서 굴러서 다리가 부러지기라도 했나 하고 말이죠. 물론 그런 사고는 없었죠. 하지만 소리를 질러서 엄마의 주의를 끄는 데는 성공했어요. 엄마랑 '의사소통'을 한 것입니다.

모든 동물들은 서로 의사소통을 합니다. 원숭이나 고릴라와 같은 영장류들은 인간과 비슷한 방법을 사용하지요. 이들은 여러 가지 소리를 내는 것에 더해 얼굴 표정과 몸짓도 이용합니다. 그런가 하면 무당벌레는 색깔로 천적들을 가까이 오지 못하게 합니다. 등껍질의 빨간색과 검은색은 '가까이 오지 마. 난 위험한 존재야'라는 경고 표지판과 같은 역할을 해요. 돌고래는 꽥꽥거리고 턱을 딱딱거리기도 하지만, 꼬리로 바닷물 수면을 쳐서 소리를 내고, 물 밖으로 휙 뛰어올랐다가 배 치기 다이빙을 해서 큰 소리를 내는 등 여러 가지 방법으로 의사소통을 합니다. 돌고래가 배 치기 다이빙을 하는 것은, 여러분이 페이스북에 평소 팬인 아이돌 그룹의 신곡을 들었는데 엄청나게 좋다는 메시지를 올리는 일과 비슷한 거예요. 물론 돌고래들은 아이돌 그룹보다는 물고기에 좀 더 관심이 많겠지만 말이에요.

그럼 사자들은 어떻게 의사소통을 하냐고요? 끙끙거리고, 으르렁거리고, 야옹거리고, 침을 뱉고, 헉헉거리고 그리고 포효합니다. 동물원을 제외하면 전 세계 대부분의 사자는 아프리카의 사바나라고 하는 넓은 초원 지역에 삽니다. 수컷 1~2마리와 암컷 4~5마리가 무리를 지어 살아요. 각 무리들은 엄격하게 영역을 나눠 살고, 수컷 사자들은 자기 영역에 다른 사자들이 들어와 영양 같은 먹이나, 암컷 사자를 데려가지 못하도록 텃세를 부립니다. 보통 이 영역은 아주 넓고 크지요. 사자가 포효하는 것은 자기 영역을 보호하고, 거기에 들어오려는 다른 사자들에게 지금 남의 영역에 발을 들여놓으려 하고 있다는 경고를 하는 거예요.

그래서 수컷 사자가 라이벌 수컷 사자를 만나면 겁을 주기 위해 크게 포효를 합니다. 또 포효 소리는 자기 무리의 다른 사자들과 의사소통을 하는 데도 아주 유용합니다. 문자메시지 같은 거지요. 더 시끄럽긴 하지만요. 정말로 "내가 여기 있다!" 하고 뽐내고 싶은 사자가 큰 소리로 포효하면, 8킬로미터 밖에서

까지 들을 수 있습니다.
 하지만 사자는 우리가 잃어버린 운동화는 못 찾아 줘요. 그건 엄마만 할 수 있는 일이지요!

우리는 왜
돈을 사용하나요?

로버트 페스턴 Robert Peston
BBC 경제부 기자

　　돈이 없는 세상을 한번 상상해 보세요. 정말 복잡할 거예요. 피자 1판을 산다고 가정해 봅시다. 피자 가게에 가서 주문을 하겠지요. 하지만 돈으로 값을 치를 수가 없지요? 피자 가게 주인을 어떻게 설득해야 피자를 얻을 수 있을까요? 피자 가게 주인도 우리처럼 필요로 하고 원하는 것들이 있겠지요. 어쩌면 피자 가게 주인에게서 피자를 받는 대신, 우리가 가진 것 또는 만들 수 있는 것을 준다고 하면 설득할 수 있을지도 모르겠어요. 하지만 피자 가게 주인이 원하는 것을 하나도 가지지 않은 사람이라면 피자는 절대 먹을 수 없겠지요. 실망스럽게도.

　자, 이번에는 피자 가게 주인 입장에서 생각해 봅시다. 피자 가게 주인은 밀가루, 토마토, 치즈 등을 갖고 있어야 피자를 만들 수 있습니다. 하지만 세상에 돈이 없다면, 피자 가게 주인은 어떻게 농부한테서 본인에게 필요한 토마토, 치즈, 밀가루를 받아 낼 수 있을까요? 피자를 만들어 주겠다고 제안할 수는 있겠지만, 아무리 맛있는 피자라도 농부가 원하는 피자 개수에는 한도가 있습니다.

　바로 그래서 돈을 발명한 것입니다. 맞아요, 발명한 것이에요. 돈이 어느 날 하늘에서 뚝 떨어진 게 아니랍니다. 땅에서 솟아난 것도 아니고요. 수천 년 전 사람들이 특별한 쇳조각이 특별한 가치를 가지고 있다고 합의를 한 다음, 그 쇳조각과 자신이 원하는 물건을 교환할 수 있도록 하자고 결정한 것입니다. 현대에 와서는 종이돈도 있고, 심지어 플라스틱 돈, 전자화폐도 생겼지요. **중요한 것은 돈이란 모든 사람이 가치가 있다고 합의를 한 후, 물건과 바꿀 수 있도록 만들어졌다는 사실입니다.**

　피자 가게 주인은 우리에게 피자를 주는 대신 돈을 받을 수 있습니다. 왜냐하면 자신이 원하는 재료를 농부에게서 살 때 그 돈을 쓸 수 있다는 것을 알기 때문이고, 또 농부는 그 돈으로 씨앗과 비료를 살 수 있기 때문이지요.

  돈은 인류가 발명한 것 중 가장 대단한 물건 중의 하나예요. 아무도 그 발명가의 이름을 알지 못하지만 말이에요.

세상에서 제일 처음으로 책을 쓴 사람은 누구인가요?

마틴 라이언스 교수 Professor Martyn Lyons
역사학자, 작가

이 세상의 최초의 책이 나온 것은 너무도 오래전 일이라 누가 그것을 썼는지는 아무도 몰라요. 수수께끼인 셈이죠. 하지만 처음 나온 책들에 대해서 조금은 이야기해 줄 수 있어요.

최초의 책은 종이로 만들어지지 않았어요. 아주 오래전 중국에서는 대나무로 만든 막대로 책을 펴냈습니다. 그 막대들을 끈으로 묶고 그 위에 글을 썼지요. 가로로 글을 쓸 수가 없으니 위에서 아래로, 즉 세로로 글을 썼습니다.

최초로 종이를 만든 사람은 채륜蔡倫이라는 사람이에요. 중국

사람이었는데, 긴 윗도리를 입고 긴 머리를 뒤로 묶은 차림을 했던 시대에 살았었지요. 채륜은 헌 옷과 넝마로 종이를 만들었습니다. 그러니 여러분이 티셔츠를 버리면 채륜은 그걸로 공책을 만들 수 있겠지요? 아, 잠깐. 내가 농담 좀 했다고 티셔츠를 버리면 안 돼요. 얼른 다시 세탁기에 넣으세요.

중국 사람들은 공자孔子라는 사람이 굉장히 현명하다고 생각했어요. 그래서 공자가 한 말을 모두 적어서 기억하고 싶어 했지요. 공자의 말은 50개의 커다란 바위에 새겨져 있습니다. 바위 하나가 사람만큼 크지요. 이 세상에서 제일 무거운 책입니다. 쓰는 데만 8년이 걸렸고, 들고 다니려면 200명의 사람이 힘을 합쳐야 해요.

세계 최초의 큰 도서관은 이집트에 있었어요. 그 도서관에 있던 책들은 페이지를 넘기게 되어 있지 않고, 돌돌 말려 있는 두루마리 책들이어서 펼쳐 가며 읽어야 했어요. 커다란 두루마리 화장지처럼 보이는 책들이 가득 꽂힌 도서관을 상상해 보세요. 하지만 어느 날 도서관에 불이 나서 책들이 모두 타 버렸다고 해요. 너무 아쉽지요? 여러분이 좋아하는 책은 절대 그런 운명을 만나지 않도록 주의해 주세요.

코끼리는 왜
긴 코를 가지고 있나요?

미카엘라 스트라찬 Michaela Strachan
야생동물 다큐멘터리 해설자

영어로 코끼리 코를 '트렁크trunk'라고 해요. 아마 얼굴에 트렁크 말고 바퀴를 달고 있으면 너무 바보 같아 보일까 봐 트렁크를 달고 있는 것 아닐까요? 흠, 썰렁한 농담은 그만할게요.

코끼리 코가 긴 데는 여러 가지 이유가 있어요. 코끼리가 긴 코로 할 수 있는 일은 놀라울 정도로 많습니다. 먹고, 마시고, 씻고, 껴안고, 만지고, 냄새 맡고, 헤엄치고, 나뭇가지를 끌어내리고, 물건을 주워 올리고, 싸우고…… 모두 코로 할 수 있는 일들이랍니다!

사실 코끼리만큼 쓸모 있는 코를 가진 동물은 이 세상에 정말이지 하나도 없어요. 코끼리의 긴 코는 실은 코와 윗입술이 합쳐진 것입니다. 아주 강하면서도 유연하고 섬세한 기관이지요. 우리 팔도 코끼리 코만큼 다양한 일을 할 수 있다면 얼마나 좋을까요? 만지고, 물건을 줍고, 껴안는 건 팔로 할 수 있지만 냄새를 맡고, 물을 빨아올려 마시는 건 할 수 없잖아요.

코끼리 코는 굉장히 강합니다. 나무를 쓰러뜨릴 수 있을 정도로요! 동시에 연필이나 땅콩을 줍는 것처럼 아주 섬세한 일도 할 수 있지요. 길기 때문에 나무 꼭대기에 있는 나뭇잎을 따 먹을 수도 있고, 땅에 있는 물을 빨아올려서 입에다 뿜어 넣거나 머리 위에 뿜어 상쾌하게 샤워를 할 수도 있지요. 가끔은 작은 곤충들이 물어 대는 것을 막기 위해 흙을 몸 위에 뿌리는 데도 코를 쓰지요. 혹시 코끼리가 수영하는 모습을 본 적이 있나요? 코끼리는 물이 너무 깊어지면 스노클처럼 코를 위로 쑥 빼고 헤엄을 칩니다. 멋지죠? 내 팔로도 그렇게 할 수 있다면 얼마나 좋을까요!

코끼리는 다리가 길고, 머리가 큰 커다란 동물이기 때문에 코가 길어요. 먹이를 먹는 데 코가 없으면 안 되지요. 코끼리 코에는 모두 합쳐 4만 개가 넘는 근육과 힘줄이 있습니다. 당연히 코끝은 엄청나게 예민하고요.

아기 코끼리가 코를 제대로 사용하는 것을 배우려면 한 1년쯤 걸려요. 4만 개가 넘는 근육과 힘줄을 제대로 작동하는 방법을 배우는 아기 코끼리를 보면 정말이지 귀엽고 웃겨요. 그렇게 배운 기술을 사용해서 코로 그림까지 그리는 코끼리를 본 적도 있답니다! 물론 사람 손에 자란 코끼리였지만 그림 실력이 상당한 수준이었지요. 거기에 '트렁크 가득' 재미가 있었던 건 물론이고요(아이고, 또 썰렁한 농담을 해버렸네!).

왜 어떤 사람은 심술궂게 행동하는 걸까요?

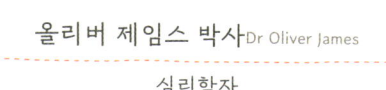

올리버 제임스 박사 Dr Oliver James

심리학자

내 잘못도 아닌데 엄마 아빠가 화를 낼 때가 있지요? 그럴 때면 화도 나고, 조금 슬프기도 하고 그럴 거예요. 그런 기분이 들면 간혹 다른 아이들에게 화풀이를 할 때가 있습니다. 괜히 형제들에게 신경질을 내곤 하지요? 남동생이나 누나가 제일 아끼는 장난감을 숨기거나, 수학을 정말 못한다고 놀리면 얼마나 기분 나빠 하는지 잘 알면서도 그렇게 할 때가 있지요? 학교 친구들에게 심술을 부릴 때도 있습니다. 어떻게 하면 싫어하는지 다 아니까 생선을 싫어하는 아이에게 점심 메뉴가 생선이라고 알려 준다든지, 별명을 부른다든지 하면서 말이에요.

　사람들이 심술궂게 행동하는 것은 바로 그런 이유 때문이죠. 누군가 그 사람을 화나게 하거나, 슬프게 했을 거예요. 그리고 그 사람은 그 느낌을 없애 버리고 싶어서 그렇게 행동하는 것입니다. 다른 누군가를 자기처럼 화나고 슬프게 해 주고 싶어진 것이지요. 휴지통에 쓰레기를 버리듯, 자기의 나쁜 감정을 다른 사람에게 버리는 것이라고 할 수도 있겠네요. 그러고 나면 잠깐 동안은 마음이 좀 풀리는 느낌이 들어요. '이야, 그 쓰레기 같은 느낌을 버려 버리니까 좋구나' 하는 생각이 듭니다.

　하지만 진짜로 효과가 있는 것은 아닙니다. 그 쓰레기는 약간의 시간이 지나면 다시 돌아오는 습관이 있거든요. 바다나 연못에 던져 버린 물건이 자꾸 물 위로 다시 떠오르는 것처럼 말이에요. 심술궂게 행동한 것 때문에 후회가 될 수도 있고, 그 때문에 악몽을 꿀 수도 있고, 그냥 뭔지 모르게 기분이 언짢을 수도 있습니다. 아니면 슬픈 느낌이 들어서 울음을 터뜨리는 경우도 있지요.

　어쩌면 그다지 나쁜 기분이 들지 않는 사람들도 있을지 몰라요. 워낙 많은 사람에게 심술궂은 행동을 많이 해서 아무도 좋아하는 사람이 없으니 더 화가 나고 슬플 수도 있겠지요. 그러면 주변 사람들한테 쓰레기를 더 많이 버리는 셈이 되지요. 그러면 그럴수록 기분이나 상황은 점점 더 나빠지기만 하고요. 결국 커다란 쓰레기 더미 한가운데 서 있는 느낌이 들고 말 테지요.

다음번에 누군가 나에게 심술궂은 행동을 할 때 이런 생각을 해 보면 좀 도움이 될 거예요. '저 심술궂은 사람은 왜 저렇게 기분이 나빠졌을까? 무슨 일로 저렇게 슬프고 화가 나서 나한테 심술궂게 구는 걸까?' 신기한 건 말이죠, 그런 생각을 하고 나면 기분이 그렇게 나빠지지 않는다는 거예요!

나무는 어떻게
우리가 숨 쉬는 공기를 만드나요?

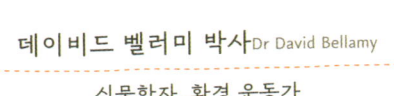

데이비드 벨러미 박사 Dr David Bellamy
식물학자, 환경 운동가

   이 놀라운 세상을 우리와 함께 공유하는 모든 동식물은 눈에 보이지 않는 3가지 기체가 있어야 건강하게 자라날 수 있습니다. 이 요술 같은 기체들이란 바로 이산화탄소, 증기 그리고 산소입니다. 이 3가지는 살아 있는 모든 것을 이루는 주재료이고, 이것들 없이는 지구에 단 하나의 생명체도 살아갈 수가 없어요.

   숨을 들이쉴 때마다 우리는 산소가 들어 있는 신선한 공기로 폐를 가득 채웁니다. 우리 몸이 제대로 돌아가려면 많은 산소가 필요해요. 몸에 들어온 산소는 금방 사용이 되고 대신 이산화탄소가 생깁니다. 이산화탄소는 우리가 숨을 내쉴 때 몸 밖으로 나와 공기 중에 섞입니다.

나무를 포함한 모든 식물은 공기 중에서 이산화탄소와 증기를 끌어 모읍니다. 그리고 햇빛에 들어 있는 에너지를 이용해 이 기체들을 당과 성장에 필요한 기초적 영양분으로 바꿔서 사용하지요. 이렇게 하는 과정에서 산소가 만들어져 공기 중으로 나옵니다. 이 과정을 '광합성'이라고 부릅니다. 광합성은 이 세상의 모든 살아 있는 것들에게 당분과 산소를 공급하는 유일한 공급원이라 할 수 있지요.

물론 사람과 식물은 숨 쉬는 방법이 다릅니다. 우리는 코와 입으로 산소를 들이마시지요. 코와 입에 연결되어 있는 폐는 우리 생명을 유지하는 기체들을 몸 안으로 빨아들이고, 또 필요 없는 기체를 밖으로 뿜어내는 펌프 역할을 해요. 식물은 폐는 없지만, 잎과 줄기에 기공이라고 부르는 숨구멍이 많이 나 있어서 기체를 빨아들이고 내뱉는 일을 합니다. 기공은 촉촉한 흙 속을 파고든 깊은 뿌리에서부터 꼭대기에 나 있는 잎까지 누비고 다니면서 물을 나르는 아주 가느다란 비밀 배관 시스

템에 연결되어 있습니다.

식물은 이 관들이 항상 물로 가득 차 있도록 유지하기 위해 최선을 다합니다. 하지만 잎도 날씨가 너무 덥거나, 흙이 너무 마르면 기공을 닫고 물이 빠져나가는 것을 막지요. 기공이 열리면 그 구멍으로 물이 증발하고 동시에 이산화탄소가 식물 안으로 들어옵니다.

나는 정원에서 일할 때 노래를 부르곤 합니다. 주변의 모든 식물이 내가 이산화탄소를 내뿜어 주니 고맙다고 말하고 있는 것을 알고 있기 때문이에요! 물론 귀에 들리지는 않지만요. 하지만 이산화탄소 덕분에 꽃이 피고, 열매가 맺히고, 곡식과 채소가 자라는 것은 잘 알고 있지요.

눈에 보이지 않는 기체와 햇빛으로 생명을 만드는 일은 꼭 동화 속 이야기처럼 들리지요. 하지만 지금 이 순간, 주변에서 그리고 온 세상에서 이런 요술 같은 일이 벌어지고 있습니다. 얼마나 다행이에요! 그렇지 않았으면 이 멋진 질문을 한 어린이도, 이 질문에 대답을 하는 사람도 살아 있지 않았을 테니까요.

어떻게 구름에 물이 들어가서 비가 내리게 되나요?

개빈 프레터피니 Gavin Pretor-Pinney
구름감상협회 회장, 작가

구름은 수백만 개의 작은 물 입자가 모여서 만들어집니다. 이 물 입자들은 때론 물방울, 때론 작은 얼음 결정 상태로 구름을 만들지요. 물이 하늘로 올라가는 것은 전혀 볼 수 없는데, 갑자기 하늘에서 물이 나타나는 게 좀 이상하지요? 하지만 우리가 무엇을 볼 수 없다 해서 거기에 아무것도 없는 건 아니라는 사실을 기억해야 해요.

물은 어떨 때는 눈에 보이지 않습니다. 물론 수돗물 같은 건 눈에 보이지요. 우리가 마시는 물이나 딱딱해진 얼음은 볼 수 있지만, 물이 기체가 되면 눈에 보이지 않게 됩니다. 마시는 물이나 얼음은 물 분자라고 부르는 물의 제일 작은 입자들이 한데 뭉쳐 모여 있기 때문에 눈에 보이지만, 그 입자들이 모두 흩어져서 공기 중을 떠다닐 때는 보이지 않는답니다.

　물이 기체 상태일 때는 물 분자들이 서로 뚝뚝 떨어져서 공기 중에 날아다닙니다. 분자는 우리 눈에 보이지 않을 정도로 너무너무 작기 때문에 기체가 된 물은 눈으로 확인할 수가 없어요. 물 분자 수억 개가 모여서 작은 물방울을 만들면 그제야 비로소 눈에 보이기 시작하는 것이지요. 하늘에 떠 있는 구름이 생기는 것은 바로 이렇게 수억 개의 물방울이 많이 모였을 때입니다.

　우리는 깨닫지 못하지만 주변에도 눈에 보이지 않는 물이 아주 많이 있습니다. 숨 쉬는 공기에도 들어 있거든요. 바다 표면, 눈, 물웅덩이 그리고 땅에 있는 모든 물에서 물 분자가 쉴 틈 없이 계속 공중으로 올라갑니다. 너무 작아서 눈에 보이지는 않지만, 물 분자는 공기 중에서 물 분자끼리 혹은 다른 분자들과 부딪히면서 계속 돌아다니고 있어요.

　공기가 따뜻할수록 땅이나 바다에서 공중으로 올라가는 물 분자의 숫자가 늘어나고, 그것들이 움직이는 속도도 빨라집니다. 하지만 이 보이지 않는 물이 어떻게 그렇게 하늘 높이 올라가서 뭉게구름을 만들 수 있는지 궁금하지요?

지구 대기권의 가장 아래 몇 킬로미터에 있는 공기는 빠르게 소용돌이치며 항상 움직이고 있습니다. 땅 근처의 공기는 여러 가지 방법으로 하늘 높이 올라갑니다. 산을 넘는 바람을 타고 올라갈 수도 있고, 햇빛을 받아 따뜻해진 땅 주변의 공기가 위로 올라갈 수도 있습니다. 어떻게 올라갔든 간에 공기는 위로 올라가면서 차가워집니다. 이 때문에 구름이 생기는 것이지요.

공기가 식으면서 눈에 보이지 않는 물 분자는 더 이상 빨리 움직이지 않게 됩니다. 그리고 충분히 차가워지면 서로 부딪혔을 때 뭉쳐서 물 입자를 만들지요. 공기가 위로 올라가면서 온도가 내려가면 이런 물 입자가 많이 생기고, 그런 입자가 충분히 많이 모이면 우리 눈에 보이는 하얀 구름이 되는 거예요.

공기가 계속 올라가면서 더 온도가 내려가면 구름 속의 물 입자는 작은 얼음 조각이 됩니다. 이 얼음 입자가 너무 커져서 땅으로 떨어지기 시작하면 눈이나 비가 되는 것이지요.

박쥐만 빼면 날아다니는 동물들은 모두 깃털이 있잖아요. 왜 그런가요?

존 '잭' 호너  John 'Jack' Horner
고생물학자

사실 현재 살아 있는 동물들 중 깃털을 가진 것은 새밖에 없습니다. 깃털은 날아다니는 데도 유용하지만 다른 쓰임새가 더 많지요. 화석을 살펴보면 깃털을 가진 최초의 동물은 작은 공룡들이었다는 것을 알 수 있습니다. 하지만 공룡들은 나는 것보다는 주로 보온이나 뽐내는 목적으로 깃털을 사용했습니다. 이를 '과시'라고도 하는데, 수컷 새들이 암컷 새들 그리고 간혹 다른 수컷들의 관심을 끌기 위해 자기 깃털을 뽐내는 걸 볼 수 있지요. 동물들은 이렇게 뽐내는 방법으로 짝짓기 상대의 관심을 끕니다.

　지난 몇 년 사이 과학자들은 많은 연구와 토론을 거쳐 공룡이 새들의 조상이었다는 결론을 내렸습니다. 우리가 새들의 특징이라고 생각하는 대표적 성질들은 사실 거의 모두 공룡들의 특징입니다. 깃털이나 속이 빈 뼈, 새 목과 가슴 사이에 있는 V자형 뼈(위시본 wishbone) 그리고 딱딱한 껍데기에 둘러싸인 알 등 모두 공룡 때부터 있던 특징이에요. 다시 말하면, 공룡과 새들은 너무나 많은 공통점을 가지고 있어서 우리 고생물학자들은 새를 다이노사우리아류 Dinosauria (공룡류)로 분류한답니다. 새들이 살아 있는 공룡이라는 뜻이지요!

　새가 공룡의 일종이기 때문에 나는 생물학자 몇 명과 힘을 합쳐 새에서 공룡을 만들어 내는 실험을 시작했어요. 새의 DNA 중 특정 DNA를 켜거나, 끄는 방법을 쓰는 거예요. 닭을 실험 대상으로 해서 긴 꼬리를 가지고 있으며 날개 대신 손이 달린 긴 팔이 자라는 DNA가 무엇인지 찾는 일을 하는 것이지요. 거기에 더해 이빨이 있는 닭을 기르는 실험도 하고 있어요.

　공룡의 특징을 지닌 새를 만들어 내는 데 성공하면 우리는 그 동물을 '치키노사우르스' 아니면 '다이노치킨'이라고 부를 거예요! 일단 닭으로 공룡을 만드는 데 성공하면 어떤 새로도 공룡을 만드는 일이 가능해지죠. 새들은 모두 친척이기 때문이에요. 어떤 어린이들은 큰 공룡을 볼 수 있게 타조로 공룡을 만들면 어떻겠냐고 말하지만, 일단 작은 공룡만 만드는 것이 좋을 것 같아요. 왜냐고요? 우리가 잡아먹힐 수도 있는 일이니까요! 여러분 생각은 어떤가요?

인간의 두뇌는
지구에서 가장 강력한 물건일까요?

데런 브라운

마술사, 작가

맞아요! 우리가 만들어 내는 온갖 대단하고 강력한 것들, 혹은 끔찍한 것들이 모두 두뇌에서 나왔으니까요. 두뇌 덕분에 인간은 생각과 말을 할 수 있게 되었고, 이런 능력들은 위대한 발명이나 전쟁, 약품 등 인간이 만든 모든 것을 가능하게 했습니다.

두뇌 덕분에 우리는 우리를 둘러싼 세상을 감지할 수 있습니다. 무릎에 상처를 입거나, 꽃을 봐도 두뇌가 없으면 아픔을 느끼지도, 아름다움을 감상할 수도 없습니다. 무릎이나 눈으로 들어온 정보는 머리로 들어가서 해석이 되어야 무릎이 아픈 것도 느끼고, 눈앞의 꽃도 볼 수 있는 것이지요.

또 우리 두뇌는 동물들은 하지 못하는 특별한 일을 할 수 있어요. 바로 '우리 자신에 대해 생각'하는 일입니다. 두뇌를 사용해서 두뇌를 생각한다는 사실은 좀 이상하면서도 굉장히 신기하고 영리한 일이지요.

진짜 재미있는 건 두뇌가 우리를 속일 때도 있다는 거예요. 마술 공연을 보고 마술사가 현실에서는 불가능한 일, 즉 마술을 부렸다고 생각을 하는 것도 그런 예 중의 하나입니다. 하지만 일상생활에서도 우리는 두뇌에게 속을 때가 있어요. 아무런 위험이 없는 영화관에 앉아서 영화를 보면서도 굉장히 무서운 느낌이 드는 것도 그렇고, 보지도 않은 유령을 봤다고 생각하게 되는 것도 그렇지요.

여러분, 혹시 못된 친구들 때문에 기가 죽을 때가 있나요? '난 정말 바보 같아. 아무도 날 좋아하지 않아'라든가 '난 잘하는 게 하나도 없어'라는 생각이 들 때도 있지요? 그게 전혀 사실이 아닌데도 말이지요. 그런 일도 그저 두뇌가 우리를 속이는 것일 뿐이에요!

그럴 때면 정수리에 똑똑 노크를 하고, 뇌한테 진정하라고 말하는 상상을 해 보세요. 두뇌는 우리를 돕고 보호하려고 애쓰긴 하지만 가끔 과잉 반응을 보일 때가 있습니다. 특히 나쁜 일에 그렇게 반응할 때가 많아요. 그런 일이 자주 일어날 때 쓰면 좋은 2가지 좋은 방법이 있어요. 첫 번째는 그 문제에 관해서 부모님이나 친구와 직접 이야기를 하는 거예요. 그러면 뇌가 좀 진정이 된답니다. 또 하나는 자기가 잘하는 것을 취미 삼아 해 보는 것도 방법입니다. 그림 그리기, 음악 듣기, 수학 문제 풀기, 운동하기 등 뭐가 됐든 두뇌와 우리가 함께 즐거운 시간을 보낼 수 있는 재미있는 일을 하는 것이지요.

아무것도 없던 데서
우주는 어떻게 생겨났나요?

사이먼 싱 박사
물리학자, 작가

과학자들은 우주가 '빅뱅Big Bang'이라고 부르는 아주 커다란 폭발에서 시작됐다는 증거를 발견했습니다. 현재의 은하계, 별, 혹성을 이루고 있는 작은 입자들은 모두 이 폭발에서 나왔다는 것이지요. 사실 우주라는 공간 자체가 빅뱅에서 만들어진 것입니다. 게다가 더 신기한 건 '시간'도 빅뱅이 만들었다는 사실이지요.

빅뱅이 가진 폭발적인 성질 때문에 우주는 만들어진 순간부터 계속 팽창하고 있습니다. 이 말은 은하계들이 점점 서로 멀어져 가고 있고, 앞으로 더 멀어질 것이라는 뜻입니다. 하지만 여기에 인력의 힘을 더하면 모든 게 변하지요.

인력은 물체를 끌어당기는 힘이어서 모든 것을 한데 모으려는 성질이 있습니다. 그중에서도 지구가 물체를 끌어당기는 힘, 중력 때문에 우리가 넘어지면 땅, 즉 지구를 향해서 떨어지지, 땅의 반대편인 하늘 쪽으로 올라가지 않는 거예요. 이 힘이 여러분과 지구를 서로 끌어당기도록 만드는 것입니다.

인력이 있기 때문에 우주의 모든 것은 서로를 끌어당기려 합니다. 따라서 아주 먼 훗날 언젠가는 인력으로 인해 우주의 팽창이 느려지다가 어느 순간 멈추고, 그때까지의 과정을 거슬러 올라갈 가능성이 있습니다. 다시 말하면, 우주의 수축이 시작될 것이라는 뜻이지요.

그러다가 아주아주 오랜 시간이 지나고 나면 빅뱅의 반대 현상이 벌어질 테지요. 바로 빅크런치 Big Crunch라고도 하고, 깁그냅 Gib Gnab(영어로 빅뱅을 거꾸로 쓴 말)이라고도 부르는 우주 수축 현상입니다. 그다음에는 또 다른 빅리바운드 Big Rebound(반등)를 거쳐 빅뱅이 다시 벌어질 수 있겠지요. 우주의 역사는 빅뱅, 거대한 팽창, 멈춤, 수축, 빅크런치, 빅리바운드, 빅뱅…… 이렇게 되풀

이됩니다.

다시 말하면 우주는 아무것도 없는 데서 생겨난 것이 아니라, 그 전에 존재했던 우주가 수축이 된 데서 시작되었다는 뜻입니다. 우리가 사는 현재의 우주는 그 전의 우주를 재활용한 것이지요. 다만, 불행히도 이 우주 재활용설이 확실하게 맞는지 증명해 줄 만한 증거는 별로 없어요. 사실 한번 팽창한 우주는 되돌릴 수 없다는 추측을 가능하게 하는 증거가 발견되기도 했습니다. 그래서 과학자들은 이 수수께끼를 풀기 위해 지금도 열심히 연구하고 있답니다.

이 문제에 대해 과학적인 대답이 나오기를 기다리는 동안, 4세기 기독교인 철학자였던 성 어거스틴 이야기를 해 볼까요? "빅뱅이 있기 전에는 무엇이 있었나요?"라고 묻는 대신 "세상을 창조하기 전에 신은 무엇을 하고 있었나요?"라고 묻는 사람에게 그는 이렇게 대답했죠. "그런 질문을 하는 사람들을 보내는 지옥을 만들었지요."

사람들은 왜 서로 피부색이 다른가요?

칼 짐머 Carl Zimmer
과학 저널리스트, 작가

먼저 우리 피부색이 어떻게 만들어지는지부터 알아볼까요? 피부에는 짙은 색깔을 내는 분자 묶음을 만드는 '색소세포'라는 것이 있습니다. 각각의 묶음은 서로 색이 달라요. 그런 묶음이 모이면 또 다른 색을 띠게 되죠.

따라서 피부에 색소세포가 많을수록 어두운 색이 됩니다. 스웨덴 사람들처럼 아주 창백한 사람들은 색소세포 수가 아주 적어요. 아주 어두운 색의 피부를 가진 아프리카의 세네갈 사람들은 이 색소세포를 무척 많이 가지고 있습니다.

왜 사람마다 다른 피부색을 가지고 있는지를 알려면, 이 색소세포가 하는 좋은 일을 살펴볼 필요가 있어요. 색소세포는 천연 자외선 차단제 역할을 합니다. 햇빛에 들어 있는 에너지는 피부를 심하게 그을리게 해서 화상을 입히거나, 암을 일으킬 수 있습니다. 이 위험한 종류의 햇빛 에너지가 피부에 닿으면, 색소세포가 그것을 흡수해서 몸이 해를 입지 않도록 보호합니다. 햇볕이 아주 따가운 아프리카에서는 어두운 색의 피부가 암을 막는 방패 역할을 하는 셈이지요.

하지만 그렇다고 해서 햇빛을 전혀 받지 않으면 다른 종류의 병에 걸립니다. 몸에서 비타민D라는 영양소를 만들려면 햇빛이 필요해요. 비타민D는 건강한 몸을 유지하는 데 꼭 있어야 하는 영양소이지요.

아프리카에서는 햇빛이 아주 강하기 때문에 조금만 햇볕을 쬐어도 어두운 색의 피부를 뚫고 충분히 필요한 양의 햇빛을 받게 돼요. 유럽처럼 햇빛이 강하지 않은 곳에서는 어두운 색의 피부를 가진 사람은 비타민D를 만들 정도의 충분한 햇빛을 받기가 힘들 수 있습니다. 그래서 유럽에 살던 옛 조상들은 옅은 피부색을 가지게 된 것입니다. 유럽에는 햇빛이 강하게 비치지 않기 때문에, 그곳에 사는 사람들은 피부색이 옅다 하더라도 아프리카 사람들보다 피부암에 더 걸리거나 하지는 않았지요.

북극과 남극의 얼음이
완전히 녹을 수도 있나요?

기후 변화 전문가, 교수

북극과 남극은 얼음에 둘러싸여 있습니다. 언젠가 이 얼음이 녹을 수도 있지요. 왜 그런지 설명하려면 북극과 남극을 따로 따로 생각하는 게 낫겠군요.

북극은 세상의 '꼭대기'에 있고, 굉장히 차가운 바닷물이 그 주변을 둘러싸고 있어요. 북극에는 북극곰도 있고, 고래도 있고, 멋진 수염과 굉장히 큰 엄니를 지닌 바다코끼리도 있어요. 모두 북극을 둘러싼 바다와 바닷가에서 사는 녀석들이지요.

북극은 너무 춥기 때문에 바다의 물 위쪽이 딱딱하게 얼어 있어요. 특히 겨울에는요. 두꺼운 부분은 특별한 얼음차나 트랙터로 다닐 수 있을 정도로 단단하지만, 여름이 오면 상당히 빨리 녹아요. 그런데 이 얼음이 벌써 많이 녹고 있어요. 지구온난화 때문에 북극의 바다 얼음이 지난 수십 년간 계속 녹아서, 어느 해 여름에는 보통 때의 절반밖에 남지 않을 정도로 많이 녹기도 합니다. 그래서 북극곰들을 걱정하는 사람들이 그렇게 많은 거예요. 그리고 우리 인간들도 피해를 보지 않을까 하는 이야기도 많이 나오고 있지요.

남극은 그보다는 조금 더 안전해요. 남극의 얼음은 북극보다 훨씬, 훨씬 더 두껍기 때문이지요. 남극은 바다가 얼어서 만들어진 곳이 아니라, 남극 대륙이라고 부르는 커다란 땅이 얼어 있는 곳이에요. 남극의 중심에 있는 얼음은 얼마나 두꺼운지, 곳에 따라서는 3킬로미터가 넘는 얼음산 위를 걷게 되기도 한답니다.

남극 대륙 가장자리에는 펭귄들이 많이 살고 있어요. 이들은 실제로 봐도 정말 귀엽답니다. 하지만 남극의 중심부는 너무 춥고 얼음이 두꺼워서 아무런 생명체도 살지 않아요. 물론 얼음과 눈을 연구하기 위해서 거기까지 찾아가는 과학자들이 있긴 하지만요.

　남극에는 그곳에 영구 기지를 가지고 있는 미국 과학자들이 얼음에 박아 놓은 막대기도 있어요(남극을 영어로 사우스 폴South Pole 이라고 하는데 여기서 'Pole'은 막대기라는 뜻도 있지요). 이발소 표시처럼 생겼는데 옆에서 사진도 찍을 수 있습니다. 아, 한 가지 더. 좋은 사진을 찍을 아이디어가 있어요. 남극에서 물구나무서기를 하고 사진을 찍은 다음, 그걸 거꾸로 들어 보면 세상 맨 밑바닥에 매달려 있는 것처럼 보이겠죠?

　그런데 이제는 남극의 얼음까지도 녹고 있어요. 특히 가장자리의 얼음이 말이죠. 언젠가 남극의 얼음도 모두 사라져 버릴 날이 올지도 모르지요. 그러면 우리들에게도 별로 좋지 않아요. 얼음이 녹으면 해수면이 높아지고, 전 세계적으로 바닷가에 사는 사람들이 살기가 힘들어지죠. 하지만 그게 남극한테는 좋을 수도 있어요. 지금 그곳에 있는 동물들이 여태까지는 너무 추워서 살지 못했던 내륙 지방까지도 들어가 살 수 있게 될 테니까요. 1억 년 전, 온 세상이 따뜻했을 때는 남극의 후끈후끈한 늪지대에 공룡이 살았었다고 해요. 얼음이 다시 녹으면 거기에 어떤 동물이 살지 누가 알겠어요?

'느낌이 좋은 것'은 어디서 오나요?

앤서니 그레일링 A. C. Grayling
철학자, 작가

호감이 가는 것, 생활을 편리하게 해 주는 것 그리고 다른 사람들에게 친절한 행동을 하는 사람의 성격이나 인성 등을 이야기할 때 우리는 '좋다'라는 말을 씁니다. 정직하고, 다른 사람에게 친절하고, 약속을 잘 지키고, 최선을 다하는 사람을 두고 '좋은 사람'이라고 부르지요. 우리가 사는 세상을 더 나은 곳으로 만드는 데 '좋은' 사람과 '좋은' 물건은 아주 중요한 역할을 합니다.

사람들이 '타인을 어떻게 대하고 행동하는 것이 옳은 것일까?'라는 생각을 처음으로 하기 시작한 이후, 항상 이 '좋은' 것이 무엇인가에 대한 토론이 있어 왔습니다. 고대 그리스 철학자들이 시작한 토론이 지금까지도 끝나지 않고 계속되고 있는 것이지요. 고대 그리스 철학자들은 좋은 것, 즉 '선善'이라는 것은 '우리가 어떤 행동을 하느냐' 하는 것뿐 아니라, '어떻게 생각하느냐' 하는 것과도 관련이 있다고 가르쳤습니다. 이 말은 태도가 중요하다는 뜻이지요. 태도에서 행동이 나오기 때문에, 올바로 살고 행동하는 것에 대해 생각해 보는 것은 우리 모두가 해야 할 일입니다.

그러니 **우리는 스스로에게 물어야 합니다. "나는 좋은 것, 즉 선이 무엇이라 생각하는가? 왜 그렇게 생각하는가? 지금 무슨 행동을 하려고 하는데 그것이 올바른가, 올바르지 않은가?" 이 질문에 대한 답을 생각할 때는 항상 그 답이 나 자신뿐 아니라, 다른 사람을 설득할 수 있는 것인지도 생각해야 합니다. 나 자신만 납득하게 만드는 것은 아주 쉬운 일이니까요.**

좋은 것이 무엇인지에 대해서 생각하고, 좋은 행동을 하기 위해서는 다른 사람들과 대화를 해야 합니다. 다른 여러 사회에서는 이 문제를 어떻게 생각하는지 그리고 그 사회의 사람들은 왜 어떤 것은 좋고, 어떤 것은 나쁘다고 생각하는지 이해하기 위해서 노력해야 합니다.

　이 모든 일에서 우리가 배울 수 있는 것은, 나의 생각과 행동이 나 자신과 타인 그리고 우리 주변에 미칠 수 있는 영향을 책임감 있고 분별 있게 판단하려 할 때, '좋은 것', 즉 '선'이 나온다는 사실입니다.

세상에서 멸종될 위험이
제일 높은 동물은 무엇인가요?

마크 카워딘 Mark Carwardine

동물학자, 야생동물 사진가

최근까지는 핀타섬의 자이언트 거북이가 세상에 알려진 가장 희귀한 동물이었습니다. 1마리밖에 남지 않았던 그 거북의 이름은 '고독한 조지'라는 뜻의 론섬 조지 였지요.

론섬 조지는 남아메리카 대륙에서 뚝 떨어진 갈라파고스 군도에 살았는데 나이는 100살로 추측됐어요. 하지만 슬프게도 2012년 6월 조지가 죽으면서 론섬 조지 아종(일명 코끼리거북)은 멸종했습니다.

멸종 위기에 처한 동물들 중에서 제일 유명한 판다 곰은 사실 제일 위험한 멸종 위기 동물은 아니랍니다. 물론 판다가 희귀한 건 사실이지요. 전문가들은 중국 대나무 숲에 살고 있는 판다의 숫자가 1600마리밖에 되지 않고, 지금도 그 수가 계속 줄고 있다고 추측하고 있으니까요. 하지만 그보다 더 심각한 위기에 처한 동물들이 많아요. 야생 상태에서는 이제 완전히 사라져 버린 동물들도 있습니다. 이 동물들이 공식적으로 멸종했다고 말하지 않는 것은, 아직 동물원이나 연구실 등 사람의 손에서 길러지는 종들이 남아 있기 때문이에요. 그중 하나가 '스픽스 마코'라는 앵무새인데, 현재 120마리밖에 남아 있지 않고, 그마저도 모두 동물원 또는 가정의 반려동물로 보살핌을 받으며 살고 있습니다.

야생에 살아남은 개체 수가 이보다 더 많은 동물들 가운데서도, 큰 위협에 처해 더 심각한 멸종 위기에 놓인 동물들도 많아요. 자바코뿔소, 호랑이, 고릴라 등 잘 알려진 것들도 있지만, 바키타 돌고래(멕시코 해안에 사는 작은 쇠물돼지류), 큰 대나무 리머(마다가스카르에 사는 원숭이처럼 생긴 동물), 나사뿔 영양(아프리카에 사는 영양의 일종)처럼 평소 잘 들어 보지 못한 생소한 동물들도 있습니다.

전 세계적으로 '심각한' 멸종 위기에 처한 동물의 가짓수가 자그마치 2000종류가 넘는데, 사실 그것도 우리가 알고 있는 동물만 센 거예요. 우리가 모르는 사이에 멸종 위기에 처해 사라져 가는 동물들이 그보다 훨씬 많겠지요.

그러나 멸종 위기에 처했다가 살아나는 동물들도 있습니다. 회색고래(귀신고래)가 그 좋은 예지요. 1946년 회색고래를 상업적으로 잡는 것을 금지한 이후, 200~300마리에 불과했던 회색고래의 수가 이제는 2만 1000마리 정도로 늘어났습니다. 우리가 열심히 노력하면 멸종 위기에 처한 동물들도 구할 수 있다는 좋은 소식인 것이지요.

왜 여자들은 아이를 낳을 수 있는데 남자들은 못 낳나요?

사라 자비스 박사 Dr Sarah Jarvis
의사, 방송인

겉으로 보면 여자와 남자는 비슷한 점이 많지요. 팔, 다리, 귀, 코 모두 똑같이 가지고 있잖아요. 하지만 차이점도 있어요. 제일 눈에 띄는 건 (일부 아저씨들의 대머리를 제외하면!) 여자들의 가슴은 더 발달해서 튀어나와 있고, 남자들의 가슴은 보통 평평하다는 점일 거예요. 또 남자들의 몸에는 남근이 있고, 여자들의 몸에는 없습니다.

몸 안을 들여다봐도 남자와 여자는 같은 부분도 있고, 다른 부분도 있어요. 남녀 모두 온몸에 피를 돌게 해 주는 심장과,

숨을 쉬게 하는 폐를 가지고 있습니다. 하지만 여자의 배 쪽으로 가 보면 '자궁'이라고 부르는 기관이 있어요. 크기가 보통 때는 달걀만 하지만 풍선처럼 늘어날 수도 있답니다. 자궁은 안쪽 벽이 부드럽고 속이 비어 있어요. 하지만 남자는 자궁을 가지고 있지 않아요.

아기는 여자의 난자와 남자의 정자가 만나서 생깁니다. 둘이 만나면 점점 자라서 아기가 되는데, 이 과정이 참 복잡하지요. 태어나기 전까지 아기는 엄마에게서 모든 음식과 영양소를 받아야만 자랄 수 있습니다. 자궁 안에 있는 아기는 자라는 데 필요한 모든 것을 받을 수 있도록 엄마의 몸과 연결되어 있습니다. 당연히 아기는 보호를 받아야 해요. 갓 태어난 아기는 먹고, 울고, 자는 것 이외에 별로 하는 일이 없습니다. 하지만 이때는 이미 생긴 지 9개월이 지난 후입니다. 그 전에는 혼자 숨을 쉴 능력도 없지요.

사실 엄마 뱃속의 아기는 자궁 안에 있는 액체 속에 떠 있기 때문에 숨을 쉴 필요가 없습니다. 하지만 계속 자라기는 해야 하지요. 자궁이 잘 늘어나기 때문에, 콩알 하나 크기도 되지 않던 아기가 다 자라서 세상으로 나올 때는 설탕 4봉지 정도의 몸집이 되어 있는 겁니다.

　물론 여자와 남자의 몸이 아기를 낳을 수 있는지, 없는지의 차이만 있는 게 아닙니다. 여자는 아기를 낳고 나면 가슴에서 젖이 나옵니다. 엄마의 젖에는 아기가 자라는 데 필요한 모든 영양소가 들어 있지요. 아빠들도 잘하는 게 아주 많지만 딱 하나, 아기를 낳는 것은 절대 할 수 없어요. 자궁이 없으니까요!

왜 우주 공간에는 인력이 없나요?

니컬러스 J. M. 패트릭 박사 Dr Nicholas J. M. Patrick
나사NASA 우주비행사

앞에서도 이야기했듯, 인력은 우주의 모든 물체가 다른 물체를 끌어당기는 힘이에요. 사실 우주 공간에도 인력은 충분히 있답니다.

물건이 클수록 그리고 가까울수록 당기는 힘도 커지지요. 지구는 아주 크고, 아주 가까이 있기 때문에 우리에게 굉장히 큰 인력을 행사합니다. 그 덕에 우리가 땅에 발을 붙이고 서 있고, 우주 공간으로 날아가 버리지 않을 수 있지요. 이렇게 지구가 우리를 당기는 힘을 '무게'라고 부릅니다. 다른 모든 물체도 우리에게 약간씩은 인력을 행사합니다. 예를 들어 달도 우리를 잡아당기고 있습니다. 그 힘이 세지 않아서 느끼지 못할 뿐이지요. 달은 지구의 바다도 잡아당기는데, 그것 때문에 밀물과 썰물이 생깁니다.

이 인력은 지구에만 존재하는 게 아니라 우주 공간 전체에 꽉 차 있답니다. 우리가 속한 태양계에서는 거대한 태양의 인력이 지구를 비롯한 다른 혹성들로도 뻗어 나가 궤도에서 벗어나지 못하게 잡는 역할을 합니다. 달이 지구의 인력에 이끌려 지구 주변을 도는 것과 마찬가지의 원리이지요.

그러면 지구의 인력이 달과 그 너머에까지 미친다면, 왜 지구 궤도를 도는 인공위성에 탄 우주인들은 그걸 느끼지 못하는 걸까요? 왜 지구 궤도에 있는데도 '무중력'인 것처럼 느껴지는 걸까요?

그런데 우주선은 그냥 똑바로 아래로만 떨어지는 것이 아니라, 지구 둘레를 따라 옆으로도 아주 빠르게 달리고 있어요. 시속 2만 7500킬로미터라는 엄청난 속도로 앞으로 나아가는 동안 우리는 계속 지구를 향해 떨어지고 있고, 그와 똑같은 속도로 지구의 둥근 표면이 발밑에서 자꾸 멀어지는 셈이지요. 그래서 계속 떨어지고 있으면서도 땅에 부딪히지 않고, 지구 둘레를 빙글빙글 도는 '궤도'에 머물게 되는 거랍니다.

  나사의 우주왕복선인 디스커버리호와 인데버호 그리고 국제 우주정거장에서 우주인으로 일하면서 나는 몇 주씩 무중력을 경험해 봤답니다. 일을 하지 않을 때 우주인들은 바깥 경치를 구경하기도 하고, 떠다니는 동작을 연습하기도 합니다. 조금 익숙해지면 거의 움직이지 않고 몇 분 동안 정거장 가운데까지 둥둥 떠다닐 수도 있어요. 그러다가 에어컨에서 나오는 약한 바람만 만나도 환기구 쪽으로 살짝 밀려가지요!

우리는 왜
영원히 살 수 없나요?

리처드 홀러웨이 Richard Holloway
작가, 방송인

우리 모두가 영원히 살고 아무도 죽지 않는다면, 몇 년 사이에 온 세상은 사람으로 가득 차서 움직이거나, 놀거나, 뛰어다닐 수 없을 정도로 붐비게 되겠지요! 우리가 사는 집에 사람들이 계속 더 들어와 살게 돼서, 더 이상 남는 공간이 없는 모습을 상상하면 될 거예요. 처음에는 재미있겠지만 금세 누울 자리도 없고, 침대를 둘 자리나, 게임을 할 자리도 없이 온 집 안이 꽉 찰 것입니다.

그리고 얼마 가지 않아 온 세상에 있는 음식이란 음식은 모두 먹어 치우게 되겠지요. 모든 사람이 먹을 정도로 음식이 충분치 않아서 배가 심하게 고프거나 병이 나는 사람이 생길 것이고, 아마 조금 남은 식량을 두고 서로 싸우게 될 것입니다.

그보다 더 나쁜 소식은, 사는 것이 아주 피곤하고 지루해질 것이라는 사실입니다. 살아 가는 것이 마치 쉬는 시간이나 방학이 없는 학교에 다니는 일처럼 느껴질 거예요. 똑같은 일이 계속, 그것도 영원히 반복될 테니까요.

우리는 영원히 살 수 없기 때문에 자라서 어른이 되고, 아이를 낳아 키우고, 더 나이가 들고 죽는 것에 대한 기대를 가지고 살 수 있습니다. 우리 아이들이 태어나서 자라고, 또 그 아이들이 자라서 아이를 낳고 하는 일이 영원히 계속될 수 있는 자리를 남기고 떠나는 것이니까요.

케이크는 왜 이렇게
맛있는 걸까요?

로레인 파스칼 Lorraine Pascale

요리연구가, 방송인

그거 알아요? 나도 똑같은 질문을 하고, 또 하고, 다시 또 하고 했었어요. 케이크를 만드는 건 꼭 굉장한 과학 실험 같아요. 그릇에 달걀, 버터, 설탕, 밀가루를 넣고 조심스럽게 섞은 다음 오븐에 넣는데, 바로 거기에서부터 마술이 시작됩니다.

재료들끼리 뭉치면서 마술의 그물로 엮이지요. 마치 뜨거운 오븐 속에서 재료들이 서로 손을 꼭 잡고 점점 자라나는 것 같다고나 할까요? 케이크가 자라나는 동안 사실 참기가 참 힘들지요. 너무 좋은 냄새가 나니까요.

이게 바로 케이크의 묘미고, 케이크가 그렇게 맛있는 것도 바로 이 때문이 아닐까 해요. 케이크를 만들려면 뭘 얼마나 넣어야 하는지는 알고 있어야 하지만, 그다음부터는 마술의 힘에 맡기면 돼요. 페이스트리(밀가루에 물을 섞어 반죽하여 바삭하게 구운 과자 혹은 빵) 같은 것도 케이크와 비슷한 재료를 사용하지만, 솔직히 말해서 맛은 케이크의 발끝에도 못 미치지 않나요?

버터는 제대로 쓰면 정말 놀라운 재료가 됩니다. 설탕이랑 달걀도 마찬가지예요. 거기에 밀가루가 다른 재료들을 꽁꽁 뭉쳐 단합하게 하는 역할을 하지요. 너무너무 맛있어서 먹을 때 얼굴에 미소가 절로 떠오를 정도로 맛있는 케이크를 만들려면 넣는 재료의 양을 굉장히 정확하게 재야 합니다.

케이크라는 마술이 더 멋진 건 이게 누구나 할 수 있는 마술이기 때문일 거예요. 나의 마술 레시피는 내가 부엌에서 제일 사랑하는 물건, 오븐에서 시작됩니다. 오븐이 마술을 부리려면 섭씨 180도가 되도록 미리 켜 두는 게 좋아요. 그런 다음 설탕 200그램, 버터 200그램을 나무 주걱으로 크림처럼 될 때까지 마구마구 섞어 주세요. 거기에 중간 크기의 달걀 4개를 넣고 다시 주걱으로 저으세요. 케이크를 특별히 맛있게 만들려면 열심히, 또 열심히 섞어야 해요!

　이제 쉬운 일만 남았어요. 반죽에 베이킹파우더가 섞인 밀가루 200그램을 넣습니다. 이번에는 힘들여 섞을 필요 없이 살살 저어 주기만 하면 돼요. 자, 이제 오븐에서 구우려면 어딘가에 담아야겠지요? 20센티미터 지름의 동그란 케이크 틀 2개에 유산지를 깔아 준비하면 됩니다. 반죽을 2개의 케이크 틀에 절반씩 나눠 부으면, 그때만큼 기대감으로 마음이 부푸는 순간도 없지요. 이제 아까 말한 오븐 속 마술이 시작된답니다.

　조심해야 할 일이 하나 있어요. 마술을 부리는 데 필요한 시간, 30분이 지나기 전에 너무 궁금한 나머지 오븐 문을 열고 들여다봤다가는 케이크가 폭신하고 맛있게 부풀어 오르지 않아요. 반드시 30분 동안 꾹 참고 기다려야 해요. 부엌 안을 휘저으며 춤도 추고, 노래를 부르면서 30분을 보내고 나면, 이야, 신기하게도 폭신하고 입에서 사르르 녹는 케이크가 완성!

　아마 마술이 벌어지고, 만드는 과정도 너무나 재미있기 때문에 이렇게 맛이 좋은가 봐요! 특히 잼이랑 크림을 빵 사이에 듬뿍 넣으면 더 맛있지요.

우리는 모두 친척인가요?

리처드 도킨스 박사 Dr Richard Dawkins
진화생물학자, 작가

맞아요, 우리는 모두 친척입니다. 여러분은 (아마 좀 먼 친척이겠지만!) 영국 여왕, 미국 대통령 그리고 나랑 친척이에요. 여러분과 내가 피가 통하는 사이라는 거지요. 증명할 수 있어요.

우리는 누구나 부모님 2명 사이에서 태어납니다. 이 말은 부모님도 각각 2명의 부모님에게서 태어났다는 뜻이니, 누구나 4명의 할머니, 할아버지를 가졌다는 뜻이지요. 그리고 할머니, 할아버지도 각각 2명씩 부모를 가지고 있으니 한 사람이 8명의 증조부모를 가진 것이고, 고조부모 16명, 그 위 조상을 가리키는 현조부모(증조부모님의 조부모님)는 32명…… 이렇게 계속되는 것이지요(이 책을 읽는 여러분에게 낯설 수도 있는데, 몇 세대를 올라가면 몇 명의 조부모를 갖게 되는지 쉽게 계산하는 방법이 있어요. 올라간 세대 수를 'n'이라고 하면 그 수를 '2^n'에 대입해서 계산하면 돼요).

약 10세기를 거슬러 올라갔다고 가정해 봅시다. 10세기 전 영국은 노르만족이 정복하기 직전의 앵글로색슨족 시대였어요. 그 시대에 살던 사람들 중 여러분의 조상이 몇 명이나 될지 계산해 보세요. 1세기에 4세대라고 하면, 대략 40세대 정도 전이네요.

2^{40}(2의 40제곱)은 1조가 조금 넘어요. 그런데 당시 전 세계 인구는 겨우 3억 명밖에 되지 않았습니다. 현재도 전 세계 인구는 80억 명 정도지요. 그럼에도 불구하고 1000년 전 조상 수가 그보다 약 140배라는 계산이 나오지요. 게다가 이건 우리 중 한 명의 조상에 불과해요. 나랑 영국 여왕이랑 미국 대통령의 조상들은요? 현재 지구상에 살고 있는 80억 명 한 사람, 한 사람의 조상들은 또 어떻고요? 이 80억 명의 사람들은 모두 어마어마한 인원의 조상 1조 명을 각각 따로 가지고 있는 것일까요?

문제를 더 복잡하게 하는 건, 이 1조라는 숫자도 겨우 1000년만 거슬러 올라간 것이라는 사실이에요. 로마의 정치가 율리우스 카이사르 시대까지 올라가면 어떻게 될까요? 약 80세대 정도 올라간 것이라고 치면 2의 80제곱이 되겠지요? 2를 80번 곱한 수는 1조의 1조 배보다 조금 더 큰 숫자예요. 1 뒤에 0이 24개나 붙어야 하지요. 이 수 만큼의 사람이 모두 지구 위에 서면, 지구의 육지 1제곱야드당 약 60억 명이 넘게 들어가야 합니다. 아마 다른 사람 머리 위에 선다 해도, 수천 명씩 겹쳐 서야 하겠지요!

그렇다면 어디선가 셈이 잘못된 것 아닐까요? 모든 사람이 2명의 부모를 가졌다고 한 데서부터 잘못된 것일까요? 아니지요, 그건 확실히 맞지요. 그렇다면 모든 사람이 4명의 조부모를 가졌다는 건? 음, 맞지요. 그런데 모두 다른 조부모를 각자 가졌다는 건 아니지요. 바로 그거예요. 영국에서는 가끔 사촌끼리 결혼을 하기도 해요. 그 결혼에서 태어난 아이들은 조부모가 4명이지만 증조부모 2명은 같기 때문에 증조부모는 8명이 아니라 6명이 되는 거죠.

따라서 사촌끼리 결혼하면 조상의 숫자가 줄어들어요. 그러나 사촌처럼 아주 가까운 친척끼리의 결혼은 그리 흔하지 않습니다. 하지만 더 먼 친척들 사이에 결혼을 해도 조상의 숫자가 줄어들기는 마찬가지예요. 바로 이것이 우리가 계산한 숫자가 그렇게 말도 안 되는 엄청난 값이 된 이유예요. 우리는 모두 사촌 간이라는 것. 율리우스 카이사르 시대의 전 세계 인구는 몇백만 명에 불과했어요. 그리고 현재 지구상에 살고 있는 80억 인구는 모두 그 몇백만 명의 후손입니다. 피가 실제로 통하는 것이지요. 모든 결혼은, 말하자면 아주 멀고 먼 친척 간의 결혼입니다. 같은 조상을 많이 가지고 있는 사람들 사이의 만남인 것이지요.

같은 원리를 적용하면, 우리는 다른 인간들뿐 아니라 모든 동물과 식물들하고도 먼 친척이라고 말할 수 있습니다. 여러분은 우리 집 강아지와도 친척이고, 점심 때 먹은 상추와도 친척이고, 창문 밖을 지금 막 날아서 지나간 새와도 친척입니다. 여러분과 나는 이들 모두와 같은 조상을 가지고 있어요(그러니 이 세상 모든 것을 소중히 여겨야겠지요?). 그 자세한 이야기는 다음 기회에 하기로 하지요.

눈의 결정이 모두 다른 모양이라는 것을 어떻게 아나요?

저스틴 폴러드
역사학자

눈의 결정 모양이 모두 서로 다르다는 사실을 처음으로 발견한 사람은 1865년에 태어난 윌슨 벤틀리라는 사람이었습니다.

그가 자란 곳은 겨울이 굉장히 춥고, 눈이 많이 오는 미국의 버몬트주였어요. 사실 미국은 세상에서 가장 눈이 많이 오는 곳이에요. 남극보다도 더요. 그는 아주 추운 농가에서 살았습니다. 집이 너무 추워서 떨어지는 눈송이를 까만 판에 받아서 집 안으로 들어와 관찰해도 눈이 녹지 않을 정도였다고 해요.

윌슨의 집에는 어머니의 물건인 오래된 현미경이 있었어요.

그가 15살이 되던 해의 어느 날, 현미경으로 눈송이를 들여다보고 깜짝 놀라고 말았어요. 눈의 결정은 모두 6개의 면을 가진 아름다운 모습을 하고 있었지만, 그중 같은 모양은 하나도 없었기 때문이었지요.

  윌슨은 눈의 결정을 사람들에게 보여 주고 싶었지만, 아무리 추워도 결국 눈은 녹고 말았어요. 그래서 아이디어를 냈지요. 아버지를 설득해서 100달러를 받아 카메라와 현미경을 통해 사진을 찍을 수 있는 특별한 기구를 샀습니다. 당시만 해도 이런 일을 할 줄 아는 사람은 몇 명 되지 않았어요. 1885년, 윌슨은 이 방법을 사용해서 세계 최초로 눈의 결정을 사진으로 기록했습니다. 그는 일생 동안 눈의 결정 사진을 계속 찍었고, '스노우플레이크 snowflake (눈의 결정) 벤틀리'라는 애칭을 얻었습니다. 그가 찍은 사진은 무려 5381장이나 되는데, 눈의 모양이 모두 다르답니다. 시간이 흘러 1931년, 그는 눈을 모으러 나갔다가 만난 눈 폭풍으로 인해 얻은 감기로 숨을 거두었습니다.

  모든 눈의 결정은 저마다 독특한 모양을 가졌다는 윌슨의 주장은 정말 사실일까요? 눈의 결정은 구름 속의 작은 얼음 결정에서 시작되는데, 땅으로 팔랑팔랑 서서히 떨어지면서 크기가 자랍니다. 결정의 모양에 영향을 주는 요인은 아주 많아요. 눈의 결정이 떨어지면서 지나오는 공기가 순간순간 얼마나 차가웠는지 또는 얼마나 축축했는지 하는 것도 그런 요인 중의 하나이지요. 따라서 2개 이상의 눈송이가 같은 방식으로 움직이고, 똑같이 땅에 떨어질 수 있는 확률은 아주 적습니다.

 하지만 지구가 생긴 이래 내린 눈의 양도 엄청납니다. 사실 눈 1리터에 눈의 결정 100만 개가 들어 있으니, 역사상 떨어진 눈 결정의 수는 1000의 10제곱보다 많습니다. 이게 얼마나 큰 숫자냐면, 이 숫자만큼의 1000원짜리 지폐로 전 세계를 덮으면 지폐 더미의 높이가 5만 5520킬로미터에 달할 정도예요.

 그러니 그 많은 눈의 결정 중에서 똑같은 것이 있을 수도 있지 않을까요? 사실을 말하자면 '아무도 확실히 대답할 수 없다'는 것입니다. 모든 눈의 결정을 본 사람이 없기 때문이지요. 수학자들은 1000의 10제곱 개라는 그 많은 눈의 결정체 중에서 같은 모양을 지닌 결정이 2개 정도 나올 수도 있다고 추정합니다. 하지만 그것도 윌슨의 오래된 현미경으로 봤을 때 이야기이고, 정말 커다란 정밀 현미경으로 들여다보면 아주 작은 차이를 찾을 수 있을 것이라고 해요.

시간이 빨리 갔으면 좋겠다고 생각할 때는 왜 더 천천히 가나요?

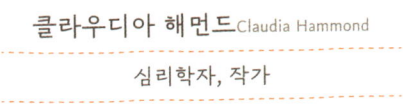

클라우디아 해먼드 Claudia Hammond
심리학자, 작가

시간이라는 것의 문제는 가끔 휘기도 하고, 비뚤어지기도 한다는 점이에요. 우리가 원하는 식으로 휘고 비뚤어지면 좋은데, 항상 그렇지는 않다는 게 더 큰 문제이고요. 시계가 가리키는 시간과 마음이 느끼는 시간이 다를 때가 많지요. 지금 바로 눈을 감고, 속으로 세지 말고 2분이 지난 뒤 눈을 뜨라고 하면 지루해서 시간이 천천히 가는 느낌일 거예요. 하지만 텔레비전 프로그램을 보고 있으면 2분이 눈 깜짝할 새 지나가죠.

학교에서 수업이 곧 끝날 시간이려니 하고 시계를 봤는데 웬

걸, 아직 반도 지나지 않은 적이 있나요? 이런 일은 수업이 지루해서 시간이 빨리 갔으면 하고 생각할 때 자주 일어나요. 우리는 지루해지면 시간 자체에 주의를 기울이기 시작합니다. 1분이 길고 고통스럽게 흘러가는 것을 지켜보는 거죠. 하지만 좋아하는 게임을 할 때는 정반대 현상이 일어납니다. 게임에 집중하다 보니 시간에 신경을 쓸 겨를이 없는 거죠. 재미있어서 시간 가는 줄도 모르는 거예요. 즐거울 때는 시간이 빨리 흘러갑니다. 자러 가기 직전의 1시간을 생각해 보세요. 시간이 어디로 사라져 버렸는지 모르겠죠?

아무리 '시간아, 빨리 가라' 하고 속으로 외쳐도, 시간이 천천히 흐르는 것은 우리 두뇌가 시간을 세는 방법 때문이에요. 두뇌가 어떻게 시간을 재는지는 아무도 정확히 알지 못합니다. 보는 것은 눈이, 듣는 것은 귀가 하도록 되어 있지만, 우리 몸 어디에도 시간을 재는 특별한 기관은 없어요. 그런데도 우리는 시계를 보지 않고, 머릿속에서 놀라울 정도로 정확히 1분을 재는 능력을 가지고 있습니다. 직접 시험해 봐도 좋아요. 친구한테 시간을 재 달라고 하고 1분을 마음속으로 재는 거예요. 하지만 속으로 똑딱똑딱 하고 재는 건 반칙이에요!

뇌가 스스로 박자를 세는 방법으로 시간을 잰다는 이론이 있습니다. 다른 일을 할 때 사용하는 뇌 자체의 박자 말이지요. 두뇌는 항상 활발히 움직입니다. 아주 지루하고, 아무것도 하지 않는 것 같을 때도 두뇌는 바쁘게 활동을 하고 있어요. **과학자들은 우리가 지루하다고 느끼고, 시간 자체에 주의를 기울이기 시작하면 두뇌 내의 박자가 빨라진다고 추측합니다. 두뇌는 더 빨라진 박자를 세기 때문에 실제로 지난 시간보다 더 많은 시간이 흘렀다고 생각하게 되지요.** 다시 말하면, 지루한 수업이 아직도 계속되고 있는 것이지요. 빨리 시간이 지나갔으면 해도 시간이 느린 것처럼 느껴지는 것입니다.

우리 머리가 시간을 기억하는 방법도 재미있어요. 가령 아파서 아무것도 하지 않고 하루를 보낼 때는 시간이 천천히 갑니다. 하지만 아팠던 그 주를 나중에 생각해 보면 시간이 빨리 흐른 것처럼 기억이 되지요. 그 주에 별로 새로운 것을 하지 않아서 기억의 많은 부분을 할애하지 않아도 되기 때문에 그런 것입니다. 그래서 기억 속에서는 짧은 주로 느껴지는 거예요.

시간이라는 건 참 묘한 거예요. 아마 우린 절대 이 시간이라는 녀석을 완전히 이해하지 못할 것 같아요.

3장

틀려서 더 좋아요, 그때 새로운 생각이 태어나요

탄산음료 속 공기방울은 어떻게 거기에 들어갔나요?

스티브 몰드 Steve Mould
과학 프로그램 진행자, 작가

설탕 같은 것을 물에 녹여 본 적이 있지요? 설탕이 물에 녹는다는 것은, 설탕 가루를 만드는 작은 입자들이 모두 잘게 쪼개져서 물속에 퍼진다는 뜻이에요. 이 작은 입자들이 '분자'인데, 이는 너무 작아서 눈으로 볼 수 없어요. 그래서 설탕 가루가 물속으로 사라지는 것처럼 보이는 거예요!

공기방울로도 똑같은 일을 할 수 있어요. 하지만 공기방울을 물에 녹이려면 아주 세게 밀어 넣어 줘야 합니다. 압력을 많이 가해 줘야 된다는 의미예요. 바로 이 때문에 탄산음료의 뚜껑을 열면 '쉬익' 하고 소리가 나는 겁니다. 압력이 빠져나오는 소리지요.

그런데 압력이 밖으로 빠져나오면 어떤 일이 벌어질까요? 물에 녹아 있던 작은 분자들이 다시 한데 뭉쳐서 거품이 되는 거예요. 그리고 캔 음료를 따서 빨리 마시면 뱃속에 거품이 많이 생기기 때문에 진짜 큰 트림이 나오지요.

하늘은 왜 파란가요?

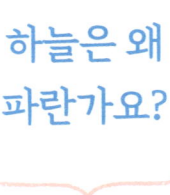

사이먼 잉스 Simon Ings
과학 작가

그거 알아요? 실은 하늘이 파랗지 않다는 사실! 하늘에는 파란색 물질이나 색소가 없다는 의미지요. 하늘이 파랗게 보이는 것은 '눈의 착각' 때문입니다. 하늘과 우리 주변에는 산소, 질소, 이산화탄소 등 온갖 종류의 다양한 기체들이 있습니다. 거기에 먼지, 수증기, 꽃가루, 심지어 아주 작은 날벌레 등도 섞여 있지요.

햇빛이 이런 입자에 부딪히면 반사가 됩니다. 달처럼 큰 물체는 빛을 잘 반사하지요. 월진이라 부르는 달 토양의 미세한 입자는 어두운 색이지만, 빛을 잘 반사하기 때문에 밤하늘의 달이 그렇게 밝게 빛나는 것이지요. 하지만 기체 분자는 빛을 반사하는 거울 역할을 하기에는 너무 작습니다. 대신 기체 분자는 빛을 흡수한 다음 엉뚱한 방향으로 빛을 내보냅니다. 다시 말하면, 공기 중의 모든 기체 분자는 반짝반짝 빛나는 작은 빛의 근원이 되는 거예요.

잠깐 빛을 소리에 대입해 생각해 볼까요? 이를테면 햇빛은 악기 하나가 한 음정을 같은 크기로 연주하는 그런 현상이 아니에요. 오케스트라의 악기가 낼 수 있는 모든 음정을, 상상할 수 있는 모든 크기로 모두 함께 연주하는 것이지요! 우리는 이 소리 중 일부만 듣는 것입니다. 우리 눈은 빛의 서로 다른 음을 색깔로 감지합니다. 보라색, 남색, 파란색, 초록색, 노란색, 빨간색 등으로 말이지요.

여기서 공기 분자들이 파란색 빛을 쉽게 흡수하고 쉽게 내뱉습니다. 그래서 하늘 전체에 파란색 빛이 널려 있는 것이고, 모든 방향에서 우리 눈으로 들어오는 것이지요. 어디를 보나 파란색 빛이 눈을 때리기 때문에 하늘 전체가 파랗게 보이는 거예요.

다른 색깔들은 지구의 대기권이 그렇게 쉽게 흡수하고 뱉어 내지 못하기 때문에 우리 눈에 거의 직선으로 도달합니다. 여러분, 절대 태양을 직접 바라보면 안 됩니다. 그러면 약간의 파란색 빛을 제외하고 햇빛에 들어 있는 모든 색깔의 빛이 우리 망막을 직접 때리게 되고, 그렇게 많은 빛이 한꺼번에 눈으로 들어오면 눈이 상할 수 있으니까요.

화성이 대기권에 공기를 더 많이 가지고 있었다면 화성의 하늘도 파랗게 보일 거예요. 지금 상태로는 빛을 흩어지게 하는 효과를 낼 정도로 공기가 충분히 많지 않습니다. 화성에 서서 하늘을 보면 여과되지 않은 하얀 햇빛이 먼지 때문에 뿌연 베이지색으로 보일 거예요.

끝으로 극지방에서는 하늘이 특히 더 파랗게 보인답니다. 지구의 극지방으로 갈수록 해도 낮게 떠요. 햇빛이 땅에 도착하기 전에 통과해야 하는 대기권이 더 두텁기 때문이지요.

운동선수는 관객들이 시끄러운 소리를 낼 때 어떻게 집중하나요?

콜린 몽고메리 Colin Montgomerie
골프 선수

나는 골프 선수예요. 골프는 다른 스포츠와는 좀 다르지요. 팀으로 하는 것이 아니라 개인 경기이고, 많은 부분이 정신적인 것에 달린 게임입니다.

개인 토너먼트 경기에서는 깊게 집중해야 하다 보니 주변의 소리가 잘 들리지 않습니다. 그리고 골프 경기 관중은 보통 골프에 대한 지식이 많은 사람들이고, 선수들을 존중해 줍니다. 그리고 사람들이 많이 오고, 자기가 하는 경기를 관람하면서 소리를 내는 것은 보통 경기가 잘 풀리고 있다는 증거이니 불평을 하면 안 되겠지요!

라이더컵 같은 팀 경기에는 관객이 아주 많이 모이고, 어떨 때는 축구 경기만큼이나 시끄러울 때가 있습니다. 사람들이 구호도 외치고, 노래도 부르고, 함성도 지르지요. 자기 편 응원단이 응원을 할 때면 힘이 솟구치기도 해요. 관객들이 이름을 외치며 응원하는 소리를 듣는 것만큼 기분 좋은 일이 없습니다.

하지만 홈그라운드가 아닌 곳에서 경기를 할 때, 상대편을 응원하는 관객들을 만나면 상당히 신경이 쓰입니다. 가끔 아주 배려심이 없는 관객을 만날 때도 있는데, 그럴 경우에는 정신 집중이 매우 힘들어지지요. 야유하는 관객이 나를 개인적으로 겨냥한다고 생각하지 않도록 노력하면서 아예 신경을 끊어 버리거나, 아니면 그 말을 들으면서 오히려 경기를 더 잘하게 만드는 계기로 바꾸고자 노력합니다.

집중을 잘할 수 있는 최고의 비결은 주변에 일어나는 일을 모두 잊어 버리는 것입니다. 바로 다음에 해야 할 나의 타격에 집중하는 거지요. 스윙을 준비하느라 클럽을 뒤로 뻗는 순간, 혹은 중요한 퍼팅을 하려고 하는 순간, 관객 중 누구도 고함을 지르지 않을 것이라는 믿음을 가지고 경기에 임하는 수밖에 없습니다.

많은 관중 앞에서 경기를 하는 경험을 많이 쌓을수록 집중하기가 쉬워지는 것 같아요. 관객들이 내는 환호성과 소음 등에 익숙해지고, 지난 몇 년간 그토록 연습을 열심히 했던 이유가 바로 그 자리에 서기 위해서였다는 것을 잊지 않아야겠지요. 최고가 되려면 관객들이 자기가 경기하는 모습을 지켜보고 격려해 주기를 바라야 합니다. 그 자체가 경기를 잘하고 있다는 증거이고, 그 토너먼트를 이길 확률이 높다는 이야기이니 관객들의 격한 응원도 반겨야 하는 것이지요.

원숭이와 닭의
공통점이 있나요?

얀 웡 박사 Dr Yan Wong

진화생물학자, 방송인

그럼요, 여러분이 상상하는 것보다 훨씬 많이 갖고 있어요. 우선 겉모습부터 생각해 보세요. 원숭이와 닭 모두 몸의 앞부분(눈 2개, 입 1개, 뇌 등등)과 뒷부분(항문과 꼬리), 다리(무릎과 발가락을 갖춘) 그리고 '팔'을 가지고 있지요. 물론 날아다녀야 하는 닭의 '팔'은 원숭이의 팔과는 조금 다른 모습을 하고 있기 때문에 특별한 이름을 붙여 줬습니다. 바로 '날개'지요. 하지만 통닭구이를 먹을 때 잘 살펴보세요. 닭의 날개를 이루는 기본적인 뼈가 우리 팔이나 원숭이의 팔에 있는 뼈와 그리 다르지 않다는 것을 알 수 있습니다.

　이렇게 구조적으로 깊게 들어가면 비슷한 점이 있는 동물들을 생물학자들은 '상동 관계'에 있다고 부릅니다. 몸속으로 들어가 보면 원숭이와 닭의 상동 관계는 더 뚜렷해집니다. 원숭이와 닭은 모두 같은 내장 기관(폐, 심장, 간, 콩팥)이 같은 일을 하고 있습니다. 현미경으로 자세히 보면 공통점을 더 많이 찾을 수 있어요. 두 동물의 몸을 이루는 기본 세포가 거의 비슷하고, 이 세포들이 작동하는 것도 거의 똑같습니다. 그보다 더 크게 확대해서 생명 활동을 관장하는 화학 반응을 담당하는 작은 분자들을 살펴보면, 놀랍게도 원숭이와 닭을 거의 구분할 수 없을 정도가 됩니다.

　이 두 동물이 공통점이 많은 데는 다 이유가 있답니다. 같은 동물의 후손이거든요. 약 3억만 년 전에 살았던 도마뱀 같이 생긴 동물이 바로 닭과 원숭이의 공동 조상입니다. 이 공통의 조상으로부터 같은 DNA를 물려받은 두 동물은 몸의 설계도가 같은 셈이지요. 원숭이와 닭이 조금 달라 보이는 것은, 세월이 흐르는 동안 이 설계도가 약간 변했기 때문이에요.

　사실 모든 생명체는 서로 친척입니다. 원숭이, 닭 그리고 우리 인간을 포함한 모든 동물은 심지어 나무와도 같은 조상을 두고 있습니다. 하지만 우리 인간이 나무와 공통점을 많이 가지고 있다는 생각은 보통 별로 하지 않지요. 왜냐하면 우리와 나무의 공동 조상이 몇억 년 전에 살았기 때문입니다. 하지만 우리 몸을 자세히 들여다보면, 이런 신비로운 친척 관계의 비밀을 발견할 수 있습니다.

과학자들은
왜 세균을 들여다보나요?

조앤 매니스터 Joan Manaster
생물학자

'세균'이라고 하면 보통 박테리아나 바이러스처럼 우리 몸에서 병을 일으키는 것들을 말합니다. 돋보기를 들이대도 볼 수 없을 정도로 작은 생물들이 우리를 그렇게 아프게 할 수 있다는 것이 놀랍지요! 인간의 눈은 200마이크로미터(1마이크로미터는 1미터의 100만분의 1)보다 큰 물체만 명확히 볼 수 있습니다. 머리카락이 그 정도 굵기입니다. 대부분의 박테리아는 약 1마이크로미터이니, 대충 사람의 머리카락 너비면 박테리아 200마리가 옆으로 나란히 쭉 설 수 있다는 뜻이지요.

박테리아를 보기 위해서는 광학현미경을 사용해야 합니다. 현미경을 통해 보면 어떤 세균은 작은 공처럼 생겼고, 어떤 세균은 막대기 혹은 나선형으로 생긴 것을 알 수 있습니다. 혼자 떨어져 있는 것들도 있고, 고리 모양으로 연결되어 있거나, 한데 뭉쳐 있는 것들도 있지요. 특수한 염색약을 사용하면 어떤 박테리아는 좀 다르게 보입니다. 보라색으로 염색되는 것도 있고, 분홍으로 염색되는 것도 있거든요.

보다 더 강력한 현미경을 쓸 수 있게 되면서 과학자들은 박테리아의 세포벽 혹은 경계선이 서로 다를 수 있다는 것을 발견했습니다. 바로 이 발견은 과학자들이 박테리아가 어떻게 우리 몸에서 병을 일으키는지 이해하는 데 큰 단서가 됐지요. 가지고 있는 구조에 따라 어떤 박테리아는 사람 몸에서 정말 정말 심한 병을 일으킬 수 있답니다. 특정 박테리아는 '꼬리'가 달려서 헤엄을 잘 치는데, 그 덕분에 세포를 더 쉽게 감염시키기도 하지요. 그런가 하면 목 안쪽에서 문제를 일으키는 박테리아 같은 것들은 점막 전체가 작은 털로 덮여 있어서 세포에 잘 붙습니다. 심지어 건조한 환경에서 오래 살아남을 수 있도록 끈적끈적하게 젖은 코팅에 둘러싸여 있는 박테리아도 있답니다. 이렇게 박테리아들이 어떤 구조를 하고 있는지 알게 되면서, 여러 종류의 박테리아를 제일 효과적으로 퇴치하는 방법들을 찾아내어 우리 몸이 병과 싸우는 것을 더 잘 도울 수 있는 약을 개발할 수 있게 되었습니다.

피부병이 나서 의사 선생님한테 가면 항생제를 처방해 줄 때가 있지요. 목이 아프거나, 배가 많이 아플 때에도 항생제를 먹게 될 때가 있어요. 하지만 그때 먹는 항생제는 피부병이 났을 때 받은 항생제와 다른 것일 수 있어요. 의사들은 우리가 앓는 증상을 보면 어떤 박테리아에 감염되었는지, 그 박테리아를 가장 잘 없앨 수 있는 약이 어떤 것인지 알거든요. 이 약들은 각 박테리아가 어떤 식으로 행동하는지를 알고, 박테리아의 구조를 파괴해서 감염을 방해하도록 만들어진 것들입니다. 박테리아를 자세히 관찰해서 나온 지식을 바탕으로 개발된 약이지요.

어떨 때는 의사 선생님에게 가도 항생제를 주지 않을 때가 있어요. 그건 박테리아가 아니라 바이러스에 감염되었기 때문입니다. 바이러스는 박테리아보다 더 작고, 박테리아와는 다른 방식으로 행동합니다. 따라서 박테리아를 죽이도록 만들어진 약은 아무 도움이 되지 않는 것이지요.

북극곰이나 사자를 먹는 사람들이 있나요?

베네딕트 앨런 Benedict Allen
탐험가, 방송인

아니요, 북극곰이나 사자는 잡아먹기가 너무 힘들거든요. 군침이 도는 먹거리가 생각날 때, 커다란 이빨이나 무시무시한 발톱이 없는 동물들을 잡는 편이 훨씬 쉽지 않겠어요? 북극곰과 사자가 사람들을 잘 찾는 건 사실이니, 사람에게서 도망가는 동물을 쫓는 것보다는 훨씬 만나기 쉽겠지만 이 녀석들을 어떻게 조리해 먹을까 생각하기도 전에 우리가 먼저 덥석 잡아먹혀 버릴 것이라는 게 큰 문제지요!

내가 외몽고에 갔을 적의 이야기예요. 아주 멀리 있는 나라지요. 차탄족이라 불리는 아주 친절한 사람들과 함께 생활했는데, 이들은 순록 가죽으로 만든 텐트에서 생활하면서 기르는 사슴 떼와 함께 눈 덮인 숲속을 돌아다니며 살았어요. 어느 날 저녁, 내가 신세지고 있던 가족의 텐트로 아주 지친 얼굴의 남자 하나가 들어왔습니다. 그는 따뜻한 순록 가죽으로 만든 옷을 입은 바람에 곰한테 쫓기다 겨우 피했다고 했어요. 순록 냄새가 나니 곰은 그 남자가 순록인 줄 알았던 것이지요! 아무리 소리를 질러도 곰이 계속 쫓아왔으니 얼마나 곤란했겠어요.

　결국 곰은 자기가 쫓던 존재가 순록이 아니라는 것을 깨달은 다음에, 아쉽지만 사람이라도 먹자고 마음을 먹은 것 같아요. 결국 그 사람은 주머니칼로 곰에게 겁을 줘서 쫓았다고 합니다. 물론 주머니칼의 칼날이 곰 발톱에 비하면 보잘것없었기 때문에 곰을 쫓는 데 시간이 오래 걸렸죠. 그래서 그 사람이 그렇게 지쳐 보였던 거예요. 내가 그 사람에게 차를 대접하는 사이, 안주인이 다 찢어진 그의 옷을 기워 줬어요.

　사자도 마찬가지예요. 잡아먹기 쉽지 않은 동물이지요. 한번은 아프리카 나미브사막을 낙타 3마리와 건너가고 있었어요. 내가 제일 아끼는 낙타는 이름이 넬슨이었어요. 넬슨은 자기보다 키가 큰 기린도 싫어했지만 그보다 사자를 더 싫어했습니다. 몰래 따라와서 덮치는 게 좋을 리가 없지요. 나도 사자들의 그런 버릇이 정말 싫기는 마찬가지예요. 넬슨이나 나나 얼른 집에 가고 싶은 마음뿐이었습니다.

사자들은 밤마다 주변을 맴돌곤 했어요. 우리 일행 중에서 누굴 제일 먼저 먹을까 하고 살피는 눈치였지요. 보나마나 내가 걸릴 게 뻔했죠. 낙타들은 빨리 뛸 수도 있고, 큰 동물이 다가오면 펄쩍펄쩍 뛰면서 발굽으로 냅다 갈길 수도 있지만, 사람은 그럴 재주가 없기 때문이지요(다행히 잡아먹히진 않았어요!).

바로 이런 이유들 때문에 사람들은 원숭이, 뱀, 박쥐, 심지어 거미까지 먹지만 북극곰이나 사자는 손을 대지 않는 거예요. 그리고 북극곰이랑 사자도 우리에게 손대지 않기를 바라야겠지요.

달은 왜
모양이 바뀌나요?

크리스토퍼 라일리 교수
과학 저널리스트, 작가

우주의 모든 물체는 움직이고 있습니다. 하나도 빠짐없이 말이죠! 지구와 달도 예외가 아니에요. 여러분이 이 책을 읽고 있는 이 순간에도 여러분 자신과 책 그리고 사는 집, 거리, 동네, 알고 있는 모든 사람은 태양 주변을 도는 지구를 타고 우주 공간을 1초에 약 27킬로미터씩 질주하고 있답니다.

창문 밖에 달이 보이나요? 달도 지구 주변을 1초에 1킬로미터 이상 달리고 있다는 것을 생각하면서 다시 한번 보세요. 움직이는 것이 하나도 보이지 않으니 믿기지 않지요? 하지만 그건 달이 굉장히 멀리 떨어져 있기 때문이에요. 수치로 말하자면 지구에서 달까지 거리는 약 38만 5000킬로미터예요. 지구 1바퀴가 약 4만 킬로미터니까, 달까지의 거리는 지구를 9번 정도 도는 것과 비슷한 셈이지요.

그렇게 떨어져 있으니 달이 지구를 1바퀴 돌려면 거의 한 달이 걸립니다. 한 달 사이에 달이 작은 은빛 초승달에서 꽉 찬 원이 됐다가 다시 초승달로 변하고, 그러다가 하루 정도는 완전히 모습을 감추곤 하는 것을 여러분도 본 적이 있을 거예요. 이렇게 극적으로 달의 모양이 변하는 걸 어떻게 설명할 수 있을까요? 쉽지 않지요?

자, 실험을 해 볼 시간이에요. 어두운 방이 우주 공간, 램프가 태양, 사과가 달이라고 가정해 봅시다. 여러분이 지구 역할을 할 거예요! 방의 한쪽에 태양(램프)을 켜고 다른 불은 모두 끄세요. 일어서서 빛이 오는 방향으로 팔을 쭉 뻗고 사과를 들어 보세요.

빛이 전부 사과의 반대편에 비치니 여러분이 보는 쪽의 사과는 완전히 어둡습니다. 자, 그 자리에서 왼쪽으로 원의 8분의 1 정도를 돌아 보세요. 달(사과)을 든 팔을 쭉 뻗은 채로요. 이제 사과가 어떻게 보이나요? 사과의 오른쪽에 살짝 빛이 비쳐서 초승달 모양이 되지요?

다시 왼쪽으로 8분의 1 정도 돌아 보세요. 달(사과)의 반쪽이 이제 태양(램프)의 빛을 받습니다. 팔을 여전히 쭉 뻗은 채 왼쪽으로 4분의 1 정도 또 돌아 보세요. 이제 '태양'이 여러분 등 뒤에서 비치고 있고, '달'에 여러분의 그림자가 드리우지 않는 한, 눈에 보이는 쪽의 사과는 전부 빛을 받아서 마치 보름달처럼 보입니다. 계속 '달'을 든 팔을 쭉 뻗은 상태로 왼쪽으로 돌면, 빛을 받는 면적이 점점 작아져서 사과가 반달에서 그믐달 모양이 되었다가, 처음 시작한 곳까지 돌아가면 완전히 어두워지지요.

이 실험에서 벌어지는 일이 바로 1초에 1킬로미터 속도로 지구 주변을 도는 달에도 똑같이 발생합니다! 이 실험으로 알 수 있는 또 한 가지 사실은 달이 밤하늘에 보이는 것처럼 납작한 원반 모양이 아니라 지구처럼 공 모양인데, 단지 한쪽에만 태양 빛을 받는다는 것이지요.

숫자는 영원히 계속 커지나요?

마커스 드 사토이 Marcus du Sautoy
수학자, 교수

대답에 도움이 될 만한 농담을 하나 하지요. 내가 제일 좋아하는 수학과 관련된 농담 중의 하나예요.

수학 선생님이 물었습니다. "세상에서 제일 큰 숫자는 무엇일까요?"

한 아이가 번쩍 손을 들고 "1조입니다"라고 자신 있게 대답했습니다.

"1조 1은요?" 선생님이 되묻습니다.

"아, 제 답도 정답과 거의 비슷하네요." 아이가 의기양양하게 답했습니다.

이 이야기가 재미있는 이유는(물론 왜 재미있는지를 설명하면 그 순간 김이 빠지기는 하지만), 대답을 한 아이는 선생님이 예로 든 '1조 1'이 실제로 제일 큰 숫자라고 생각한 때문이지요. 사실 이 선생님은 이미 "숫자는 영원히 계속 커지나요?"라는 질문에 대한 답을 한 셈입니다.

만일 숫자가 영원히 계속 커지지 않으면 가장 큰 숫자가 있다는 뜻입니다. 하지만 누군가가 가장 큰 숫자를 댄다 하더라도, 이 이야기에 등장하는 선생님이 사용한 방법을 쓰면 그 숫자를 이길 수 있습니다. 아무리 큰 숫자라도 거기에 1을 더하면 그보다 더 큰 숫자를 얻는 것이니까요.

숫자는 절대 끝이 없어요. 영원히 계속 커집니다.

씨앗은 맨 처음에 어디서 왔나요?

캐런 제임스 박사
생물학자

'식물'이라는 단어를 들으면 여러분은 아마도 꽃이나 나무 혹은 풀밭을 머릿속에 떠올릴 겁니다. 이 모든 식물은 씨에서 자라나고 또 씨를 만들어 냅니다. 하지만 씨에서 자라지 않는 식물도 있어요. 양치류나 이끼류 식물은 씨, 꽃을 만들어 내지 않고 포자로 번식합니다. 포자는 씨와 비슷하지만 몇 가지 중요한 차이가 있지요(이 이야기는 조금 있다 더 하기로 하지요). 그 밖에도 물에 살면서 포자나 씨 없이 다른 방법으로 번식하는 조류 식물들도 있습니다.

약 3억 5000만 년 전쯤, 키 작은 관목과 이끼로 뒤덮여 있던 숲이 나무 모양에 가까운 양치류 식물에 자리를 내주었습니다. 곤충들과 거미처럼 생긴 생물들이 누비고 다니면서 이 식물들이 제공하는 음식과 안식처를 즐겼지요. 물속에서는 일부 물고기의 지느러미가 다리로 진화하면서 땅 위에서 걸어 다닐 준비를 갖추었습니다. 이 생물들이 양서류가 되면서 개구리, 두꺼비, 도롱뇽 등의 조상이 되었지요.

이 무렵, 양치류 형태의 식물들 가운데 일부에서 포자가 물에 젖지 않는 껍질 안에 양분을 담은 더 큰 형태로 진화하기 시작했습니다. 최초의 씨가 탄생한 것이지요. 껍질에 든 영양분은 어린 식물들이 초기에 잘 살아남는 데 큰 도움이 됐습니다. 그리고 방수 껍질 덕분에 포자 같았으면 어림도 없었을 건조하거나, 나쁜 환경에서도 살아남는 것이 가능해졌지요.

'진화론'의 아버지이자 동식물학자인 찰스 다윈은 영국에 있는 자신의 집 다운하우스에서 《종의 기원》이라는 유명한 책을 쓰면서, 서로 다른 종류의 씨앗들이 바닷물에서 얼마나 오래 살아남는지 실험했습니다(대부분의 씨는 소금기 없는 민물을 좋아해요. 바닷물은 식물이 자라기에는 나쁜 환경이지요). 이 실험을 토대로 씨가 바다 건너 얼마나 먼 곳까지 퍼질 수 있는지를 수학적으로 계산했지요. 이 실험은 대단히 중요합니다. 다윈이 살던 당시만 해도, 사람들은 멀리 떨어진 섬에 사는 식물들은 애초에 거기서 '창조'되지 않고서는 그런 곳에서 자랄 수 없다고 여겼거든요. 그러나 다윈은 씨가 바다를 건너 섬에 도착한 뒤에 새로운 종으로 진화했을 수 있다는 것을 증명했습니다.

방수 껍질은 씨가 건조한 곳이나 사막에서 살아남는 데도 유리하지만, 아주 오랫동안 보존하는 것도 가능하게 만듭니다. 2005년, 이스라엘의 과학자들은 2000년이나 된 씨에서 싹을 틔우는 데 성공했습니다!

바로 이런 장점들 덕분에 초기 씨 식물들이 몇백만 년 전에 그토록 성공적으로 번식할 수 있었던 것입니다. 여러분도 다음 번에 풀밭을 걸을 기회가 있거나, 면으로 만든 옷을 입거나, 밥을 먹을 때 그 식물들의 조상에 대해 한번 생각해 보세요. **옛 식물들이 에너지를 씨 안에 저장하고, 물에 젖지 않는 코트를 입는 방법을 발명한 덕분에 지금 우리와 이 땅에서 같이 살게 되었고, 또 아름답고 유용한 수십만 가지의 식물로 진화할 수 있었다는 사실을 잊지 말고요.**

최초의 예술가는 누구인가요?

마이클 우드 Michael Wood
역사학자, 작가

정말 좋은 질문이에요! 몇 년 전에 이 질문과 관련된 놀라운 발견이 있었거든요. 남아프리카공화국의 바닷가에 있는 블롬보스 동굴에서 선사시대 그림 도구가 발견됐습니다. 아마 9만 년도 더 된 물건인 것 같아요! 일부러 자른 듯한 모양의 조개껍데기에 빨강과 노랑 물감이 들어 있었고, 물감을 빻고 섞는 데 쓴 갈이돌과 뼈로 만든 도구 등이 나왔습니다. 이 그림 도구를 만든 사람들은 손가락으로 자기 몸이나 동굴 벽에 그림을 그렸을 것이라고 추측됩니다.

인간은 다른 무엇보다도 창의적인 존재입니다. 아마 언어가 발달하기도 전부터 그림을 그리고, 조각을 하고, 모양을 다듬고, 나무와 돌을 깎는 작업을 했을 거예요. 그렇다면 가장 최초의 예술가는 과연 누구였을까요? 전 세계 각지에서 선사시대의 그림들이 발견되고 있습니다. 상상의 나래를 펼쳐서 그린 인상적인 그림들이 정말 많지요. 호주에서 발견된 미로처럼 복잡한 기하학적 무늬의 그림, 인도의 신비롭고 장엄한 패턴, 소용돌이치는 듯한 사냥 장면을 그린 남프랑스의 동굴벽화 같은 것을 마주하면 마치 예술적 창조의 근원과 마주하는 느낌이 들지요. **이 형상들은 조상들이 우리에게 남긴 메시지예요. 무엇인가를 그려야겠다는 욕구, 주변 세상과 우주 자체에 대한 자신의 생각과 느낌을 후세에 남기고자 한 조상들의 의지가 느껴집니다.**

안타깝게도 최초의 예술가가 누구였는지는 알 수 없습니다. 하지만 우리 조상들은 훌륭한 예술가였지요. 2008년에 발견된 작은 여자 조각상인 홀레 펠스의 비너스만 해도 그래요. 맘모스 상아를 깎아 만든, 6센티미터 높이의 이 조각을 만든 사람은 정말이지 섬세한 감각을 가진 사람이었음에 틀림없어요. 이 조각은 약 4만 년 전에 만들어졌는데, 바로 이즈음이 미술과 음악이 엄청난 발전을 했던 시기예요.

   그러면 가장 최초의 예술품이 무엇이었냐고요? 엄청난 작품이 너무 많아서 고르기가 힘들군요. 음, 옛 조상들이 남긴 그림 중 내가 제일 좋아하는 작품은 스페인의 알타미라 동굴벽화입니다. 어렸을 적 처음 봤을 때 얼마나 감명을 받았는지 몰라요. 지금 봐도 절로 경탄이 나옵니다. 검은색 테두리에, 빛을 발하는 듯한 주황색으로 채색된 들소들이 금방이라도 뛰쳐나올 듯 생동감 있게 표현되었지요. 이 벽화가 처음 발견된 19세기에는 누군가 현대인이 그려 놓고 사기를 친다고 생각하는 사람들도 있었어요. 선사시대 사람들이 이런 훌륭한 그림을 그릴 만한 기술이나, 지능을 가지고 있다고 믿지 않았기 때문이에요. 하지만 완전히 틀린 생각이었지요!

나는 무엇으로 이루어져 있나요?

로런스 크라우스 교수 Professor Laurence Krauss

우주론학자, 입자물리학자

별 가루요! 대충 말하자면요.

여러분 몸의 모든 것 그리고 주변에 보이는 모든 것은 아주 작은 물체, 원자로 만들어져 있습니다. 원자는 원소로 이루어져 있는데, 우리 몸에서 가장 중요한 원소는 수소, 산소, 탄소입니다.

우리 몸 세포의 대부분을 채우는 것은 물이에요. 거의 90퍼센트가 물이거든요. 각각의 물 분자는 가벼운 수소 원자 2개와 그보다 무거운 산소 원자 1개로 이루어져 있습니다.

그런데 연구를 더 해 보니 원자는 그보다 더 작은 물체들로 구성돼 있었습니다. 바로 양성자, 중성자, 전자가 그것들입니다. 양성자와 중성자는 그보다 더 작은 쿼크quark라는 물질로 이루어져 있지요. 지금까지 알기로는 전자와 쿼크보다 더 작은 물질은 없습니다. 자, 그렇다면 왜 여러분의 몸이 별 가루로 만들어졌다고 하는 걸까요?

우주는 커다란 폭발, 빅뱅과 함께 시작됐습니다. 130억 년도 더 전에 일어난 일이지요. 하지만 그 폭발에서 생긴 것은 양성자, 중성자, 전자로 이루어진 아주 가벼운 원소들뿐이었습니다. 산소나 탄소처럼 우리 몸에 아주 중요한 물질들이 만들어진 곳은, 온도가 수억 도까지 올라갈 수 있는 별들의 중심부에 있는 용광로예요.

이 원소들이 어떻게 우리 몸에 들어갔냐고요? 지구 위에 있는 모든 물질과 우리 몸을 이루는 모든 물질은 아주 오래 전에 별이 폭발하면서 그 중심에 있던 원소들이 우주 공간으로 뿜어져 나온 것들입니다. 그러다 약 5억 년 전쯤, 우리가 사는 은하계 쪽에 있던 우주 공간의 물질들이 서로 뭉치기 시작했지요. 태양과 그 주변을 도는 태양계 그리고 지구 위 모든 생명을 이루는 물질들은 그렇게 만들어진 겁니다.

결국 우리 몸을 만드는 대부분의 원자는 별의 내부에서 만들어진 것이지요! 여러분의 왼손에 있는 원자는 오른손에 있는 원자와 완전히 다른 별에서 왔을 수도 있어요. 그러니까 여러분은 글자 그대로 '별의 아이들'이에요.

펭귄들은 왜 남극에서만 살고 있나요?

버네서 벌로위츠 Vanessa Berlowitz
다큐멘터리 제작자

펭귄들은 진짜 남극점까지 가지는 않지만, 지구 남쪽에 있는 남극대륙을 둘러싼 차가운 바다에서 살고 있지요.

펭귄들이 추운 곳에서 잘 사는 이유는 지금까지 내가 본 중에서 제일 좋은 월동 장비를 갖췄기 때문이에요! 몸을 덮은 깃털들 중 바깥쪽에 난 것들은 마치 지붕을 덮은 기와처럼 서로 끼워 맞춰져 있어서 빈틈이 하나도 없고 물에도 젖지 않기 때문에, 안쪽에 난 폭신하고 따뜻한 솜털이 젖거나 빠지지 않도록 보호하지요. 지방이 많은 것도 몸을 따뜻하게 하는 데 도움이 되고요. 왜 북극에선 살지 않냐고요? 펭귄들이 북극까지 이사를 하려면 정말 보통 일이 아니에요. 중간에 적도 지방의 따뜻한 바닷물을 헤엄쳐 건너야 하기 때문이지요. 그게 얼마나 힘들지 한번 상상해 보세요. 해가 쨍쨍한 뜨거운 여름날, 스키복을 입고 뛰어다니는 것과 비슷하겠지요?

BBC 다큐멘터리 〈얼어붙은 대륙 Frozen Planet〉을 제작하면서 펭귄들이 여름에 체온이 너무 높이 올라가지 않도록 하기 위해 얼마나 많은 노력을 기울이는지 보고 놀랐던 기억이 나요. 남극의 날씨는 여름에도 영국의 따뜻한 겨울날 정도밖에 되지 않는데 말이지요. 남극에 도착해서 찍은 첫 녹화분에 나오는 킹펭귄들이 배와 분홍색 발을 식히기 위해 젖은 모래 위에 털썩 주저앉는 걸 보고 팀원들은 모두 웃음을 터뜨리기도 했어요. 아기 펭귄들의 모습은 더 재미있어요. 몸을 식히기 위해 진흙 목욕을 하고 나오는 펭귄들을 보면 마치 초콜릿 코팅을 한 것처럼 보이거든요!

펭귄들이 가는 길에 몸이 너무 더워지지 않고 북극까지 이동할 수 있다면 바다쇠오리들을 만날 수도 있을 겁니다. 검은색과 하얀색 깃털을 가진 바다쇠오리들은 펭귄들과 아주 비슷하게 생겼습니다. 하지만 펭귄들과는 달리 날아다닐 수 있지요. 사실 펭귄들이 날 수 없다는 점은 그들이 북극으로 가지 않아야 하는 이유 중 하나입니다. 여름에 알을 낳고 부화하는 새들을 잡아먹는 북극곰이나 북극여우들을 피해 날아서 도망갈 수 없으니까요.

그렇지만 남극에서는 알을 낳고 부화하는 사이에 다른 동물들에게 잡아먹힐 걱정을 하지 않아도 됩니다. 땅 위에는 펭귄을 잡아먹을 사냥꾼들이 없어요. 어떤 육식 동물의 조상도 험하고 차가운 바다를 건너 남극까지 갈 엄두를 내지 못했거든요. 펭귄의 조상이 된 새가 나는 능력을 잃은 것은 사냥꾼 동물들을 피해 도망갈 필요가 없었기 때문입니다. 대신 펭귄의 날개는 아주 짧아서 물속에서 헤엄치는 것을 돕는 지느러미처럼 사용된답니다.

남극에서 헬리콥터를 타고 녹화를 하던 중에 운 좋게도 펭귄들이 헤엄치는 것을 본 적이 있어요. 그걸 보니 펭귄도 어떤 의미에서는 날아다닐 수 있구나, 적어도 '바닷속에서는' 날아다니는구나 하는 생각이 들더군요. 그건 평생 본 것 중에서 가장 아름다운 장면이었어요. 물속에서 벌어지는 발레 공연을 보는 느껌이라고나 할까요!

  펭귄 하면 우리는 땅 위에서 우스꽝스럽게 뒤뚱거리며 걷는 모습만 생각하지요. 하지만 그 새들이 추운 남극의 바닷속에서 얼마나 우아하게 움직이는지를 보면, 그곳이 펭귄의 진정한 고향이라는 생각이 절로 들어요.

비행기는
어떻게 날아요?

데이비드 루니
런던 과학박물관 운송기관 큐레이터

    비행기에 처음 타면, 그렇게 많은 사람과 짐을 실은 무거운 물체가 공중을 날 수 있다는 것이 도저히 가능해 보이지 않습니다. 무거운 물체들은 땅 위에 있는 것이 자연스러우니까요. 게다가 비행기처럼 진짜 무거운 물체들은 땅에 딱 붙어 있는 것이 가장 자연스럽지요.

    하지만 걱정 마세요. 하늘을 나는 새들도 상당히 무거운데 공중에 떠 있잖아요. 바로 아주 신기한 자연의 마술을 이용해서 그렇게 할 수 있는 것입니다.

비행기 옆구리에 기다랗게 쭉 삐져나와 있는 것을 본 적이 있나요? 날개라고 부르는 물건이에요. 그리고 비행기를 타 봤으면 알겠지만, 하늘로 뜨기 바로 전에 조종사가 활주로라고 하는 기다란 길 끝까지 비행기를 몰고 갔다가 뒤로 돌아서 다시 활주로를 따라 굉장히 빠르게 달려가죠(개인적으로 나는 이때가 여행 중에서 제일 재미있어요). 바로 이 부분에서 비행을 위한 자연의 마술이 끼어들어요. 비행기가 앞으로 움직이면서 통과하는 공기가 날개 위아래로 흐릅니다. 우리도 빨리 뛰면 얼굴에 바람이 느껴지잖아요? 같은 원리예요.

여기서 한 가지 알고 넘어가야 하는 건, 비행기의 날개가 납작하면서도 약간 굴곡이 있다는 사실입니다. 이 모양 때문에 공기는 날개 위아래로 지나가기 위해 방향을 바꾸게 되지요. 그리고 공기가 이런 식으로 방향을 바꾸어 흐르면서 날개를 위로 밀어 올립니다. 왜 그런지는 자세히 설명할 수가 없어요. 그냥 그렇게 되지요. 그래서 비행기가 앞으로 나아가는 한 공기는 날개를 위로 밀어 올리고, 그 덕분에 비행기가 공중을 날게 되는 것입니다.

이쯤 되면 비행기가 어떻게 그렇게 앞으로 빨리 나아갈 수 있는지 궁금해하는 사람도 있을 것 같네요. 그건 엔진 덕분이에요. 요즘 비행기는 대부분 엔진을 2개에서 4개 정도 가지고 있고, 대부분 제트엔진이라고 부르는 것을 사용합니다(그래서 비행기를 제트기라고 부르기도 하지요). 제트엔진은 등유 같은 액체 연료를 사용합니다. 이런 연료가 타면서 엔진 뒤쪽으로 아주 뜨거운 가스의 흐름이 분출됩니다. 이 뜨거운 가스가 분출되면서 비행기가 앞으로 나가거나, 프로펠러가 돌아간답니다. 프로펠러가 도는 것으로도 비행기가 앞으로 나가지요. 참, 제트엔진이 엄청나게 시끄럽다는 사실을 알고 있는 이들도 많을 거예요. 이는 모두 연료가 타면서 나는 소리입니다.

비행기가 날기 위해서는 수많은 다른 장치들이 필요합니다. 예를 들어 방향은 어떻게 조정하는 것일까요? 그리고 속도는 어떻게 줄일까요? 비행기 날개와 꼬리에는 덮개가 달려 있어요. 조종사는 이 덮개를 위아래로 움직여서 속도를 더 내거나 줄이고, 위아래나 좌우로 방향을 바꾸기도 합니다.

여기까지가 비행의 기본입니다. 어떻게 앞으로 가고, 공중에서 뜨고, 방향을 바꾸는지를 알게 됐지요. 비행기라는 물건, 정말 놀라운 발명 그 자체예요!

세상에서 제일 힘이 센 동물은 무엇인가요?

스티브 레너드 Steve Leonard
수의사, 방송인

앗, 어려운 질문이군요. 물론 가장 무거운 걸 들어 올릴 수 있는 건 코끼리겠지요. 인도코끼리들은 코로 무려 300킬로그램에 해당하는 물체를 들어 올릴 수 있다는 기록이 있습니다. 그걸로도 대단하지요. 하지만 통나무를 가죽 밧줄로 묶어 코끼리 입으로 물어서 들어 올리게 하면 무려 500킬로그램도 거뜬하게 든답니다. 이 정도면 소형차의 절반 정도 무게는 됩니다. 엄청나게 힘이 센 것처럼 들리지만 코끼리의 무게와 비교하면 별거 아니에요. 내가 설탕 9봉지를 들어 올리는 것과 맞먹는 셈이니까요. 코끼리에게 500킬로그램은 나로 말하자면, 한 손으로 문제없이 들 수 있는 수준의 무게지요.

그러니 어쩌면 체중에 따른 근육의 힘을 비교하는 게 더 공평할 수도 있겠군요. 세상에서 가장 힘이 센 사람도 자기 체중의 2배 이상은 들어 올리지 못합니다. 이것도 정말 대단하긴 하지만 일부 동물들에 비하면 아무것도 아니에요. 수컷 고릴라들은 힘이 아주 세서 자기 체중의 10배까지도 들어 올릴 수 있어요. 인간보다 5배나 힘이 센 셈이지요! 하지만 **크기에 비해 세상에서 가장 힘이 센 생명체는 곤충이에요. 남아메리카의 잎걸이개미들은 자기 몸무게의 50배나 되는 잎도 들어 올립니다. 이건 내가 인도코끼리 암컷을 공중으로 번쩍 들어 올리는 것과 마찬가지예요!**

이게 다가 아니에요. 쇠똥구리는 자기 몸무게의 1141배를 들어 올릴 수 있는데, 이건 내가 2층 버스 6대를 들어 올리는 것과 같아요. 현미경으로만 볼 수 있는 작은 생물들은 이보다 더 힘이 셀 수도 있지만, 그런 생물들에게 뭘 들어 올리게 하는 건 힘드니까 패스할게요!

정말 단것은
몸에 나쁜가요?

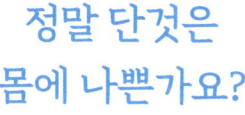

애너벨 카멜 Annabel Karmel
작가

우리는 태어날 때부터 달콤한 음식을 좋아하도록 만들어져 있습니다. 과학자들은 독이 든 열매가 보통 쓴맛이 나기 때문에, 인간이 본능적으로 단맛을 안전한 음식에 연관 짓고, 이를 선호하는 것이라고 추측합니다.

사실 단것이라고 모두 나쁜 것은 아닙니다. 과일의 자연적인 단맛도 있으니까요. 그런 당은 가공되지 않은 것이고, 너무 많이 먹지 않는 이상 몸에 해롭지 않아요. 하지만 온갖 종류의 인스턴트식품에는 설탕이 들어갑니다. 특히 짠맛이 나는 수프,

소스, 피자 같은 음식에도 설탕이 많이 들어간다고 해요. 따라서 우리가 생각하는 것보다 훨씬 많은 설탕의 양을 날마다 섭취하게 되는 겁니다.

아침에 먹는 시리얼에도 설탕이 잔뜩 들어간 것이 많습니다. 어떤 건 무려 전체의 35퍼센트가 설탕인 것도 있으니까요. 이런 시리얼은 하루 일과를 시작하는 식사 대용으로는 좋지 않습니다. 달콤하고 맛있긴 하지만, 점심을 먹을 때까지 지속적인 에너지를 줄 수 없기 때문이에요. 참고로 먹을 식품을 고르는 데 간단하면서도 유용한 방법 중 하나는, 영양 성분표가 적힌 곳에서 설탕(당) 성분이 높은 것을 피하는 것입니다.

설탕을 너무 많이 먹지 말라는 이야기가 자주 나오는 데는 몇 가지 이유가 있습니다. 제일 큰 이유는 설탕이 치아에 나쁘기 때문입니다. 빠진 이를 청량음료에 담가 두는 실험을 해 본 적이 있나요? 빠진 이를 구할 수 없으면 10원짜리 동전도 괜찮아요. 청량음료에 담긴 이 혹은 동전이 단 몇 시간만 지나도 어떻게 변하는지 한번 지켜보세요!

설탕은 자주 먹을 때 이에 가장 많이 해를 끼칩니다. 따라서 식사를 할 때, 단것을 다른 음식과 같이 섭취하는 것이 달달한

간식을 자주 먹는 것보다 이를 덜 상하게 하는 방법입니다.

  날마다 설탕을 너무 많이 먹으면 이뿐만 아니라 몸의 다른 부분에도 좋지 않습니다. 설탕은 우리 행동에도 영향을 끼치지요. 단것은 핏속으로 들어가 순간적인 에너지를 내게 하고, 우리 몸은 이 당을 처리하기 위해 인슐린을 분비합니다. 이런 식으로 갑자기 에너지가 폭발적으로 나오는 것은 오래가지 않으며, 또 에너지가 떨어지고 나면 몸이 떨리고 쉽게 피곤해집니다. 설탕을 많이 먹으면 혈액 속 당의 양도 계속 오르내리기를 반복합니다. 우리 몸은 많은 양의 당을 필요로 하지 않기 때문에 남는 당을 저장하고 결국 건강하지 않을 수준으로 살이 찌게 되지요.

이집트 피라미드는
어떻게 지어졌나요?

조이스 틸데슬리 박사Dr Joyce Tyldesley
이집트 학자, 고고학자

고대 이집트인들에게는 전기도, 복잡한 일을 수행하는 기계도 없었어요. 노예처럼 부릴 수 있는 인력도 많이 가지고 있지 않았답니다. 대신 백성들의 힘을 빌렸지요. 이집트 전체에 있는 도시와 마을에서 모여든 수천 명의 일꾼들이 피라미드를 지은 거예요.

현장에서 몇 달간 열심히 일을 한 사람이 집으로 돌아가서 쉴 때가 되면, 새로운 일꾼들이 도착해서 그 자리를 메웠습니다. 이들을 감독하는 것은 아주 적은 수의 목수, 석공, 건축가

뿐이었지요. 고대 이집트에서는 돈을 사용하지 않았기 때문에 노동의 대가로 임금 대신 음식과 음료를 나눠줬습니다.

 겉에서 보면 피라미드는 다 비슷해 보이지만 그 안은 서로 많이 다릅니다. 어떤 피라미드는 묘실이라 부르는 죽은 왕이 누워 있는 방(무덤 속의 방)이 땅 밑에 있고, 어떤 것은 땅 위에 있어요.

 피라미드를 건설하기 위해 맨 처음 하는 일은 땅을 평평하게 고르고 4면을 재는 것이었습니다. 그리고는 이집트 내의 채석장에서 구리로 된 끌과 망치 등 간단한 도구로 아주 커다란 돌들을 잘라 내서 나무 썰매 같은 데 올린 뒤, 건설 현장까지 끌어왔지요. 일꾼들은 임시로 만든 경사로를 따라 높은 곳으로 돌을 운반했습니다.

 일단 피라미드의 기본적인 세모 모양이 만들어지면 그 위를 아주 하얀 돌로 둘러싸서 윤이 나게 만들어 햇빛을 받으면 빛나도록 했습니다. '방첨탑'이라고도 부르는 피라미드의 맨 꼭대기 돌 중 어떤 것은 금을 발라 더욱 반짝이도록 했다고 해요!

밤이 되면 왜 하늘이 깜깜해지나요?

크리스토퍼 포터 Christopher Potter
작가

대부분의 사람이 어릴 때는 질문을 정말 많이 합니다. 그러다 자라면서 점점 체면을 차리느라 질문을 하지 않게 되지요. 어쩌면 우리가 뭘 모르는지 인정하고 싶지 않아서일 수도 있어요. 슬픈 일이지요. 질문을 하는 것은 참 중요한 일이거든요. 아인슈타인 같은 과학자들이 그렇게 위대해질 수 있었던 것은, 다른 사람들이 뻔하다고 생각하는 것에 대해 질문을 계속했기 때문이기도 하답니다.

"밤이 되면 왜 하늘이 깜깜해지나요?"라는 질문은 얼핏 듣기

엔 단순한 물음처럼 들리지요. 게다가 아주 명확한 대답이 있습니다. "밤이 되면 해가 지니까!"라는 대답이겠지요. 하지만 그렇게 말하면 해가 움직이는 것처럼 들리니 정확한 답은 아닙니다.

해는 지평선 너머로 움직이는 것처럼 보일 뿐이고, 사실은 지구가 축을 중심으로 돌고 있는 것입니다. 그 때문에 해가 하늘을 가로질러 움직이는 것처럼 보이지요. 단순한 질문에 대한 명확한 대답이 해와 관련된 지구의 움직임에 대해 다시 생각하게 만들었지요? 이쯤 되면 다른 물음이 나올 만도 합니다. 예를 들어 "지구가 움직인다고 어떻게 확신하죠?"라는 질문 같은 것 말이에요.

어떨 때는 질문에 대해 질문하는 것으로 답을 찾을 수 있기도 합니다. "밤하늘은 정말 깜깜한가?"라고 되묻는 거지요. 가로등 같은 것이 없는 시골에 달이 없는 그믐날 가 보면, 먼 별들에서 나오는 빛만으로도 하늘이 상당히 환할 때가 있습니다.

지난 수백 년 동안 사람들은 왜 밤하늘이 더 밝지 않을까에 관해 많이 궁금해했습니다. 철학자들과 과학자들이 생각하는 것처럼 우주가 무한대로 뻗어 나간다면 그 무한대의 우주에는 무한한 수의 별이 있을 것이고, 그렇게 무한히 많은 별에서 나오는 빛은 밤하늘을 아주 밝게 밝혀야 하는 것 아닐까요? 밤이어도 전혀 깜깜하지 않아야 말이 되는 거죠!

하지만 우주, 그러니까 우주 공간 자체가 계속 팽창한다고 상상해 봅시다. 그렇게 팽창하는 우주 공간의 먼 별과 그 별에서 나오는 빛은 계속해서 우리로부터 멀어져 갈 테니, 밤하늘이 지금처럼 어두운 것이라는 설명이 나올 수도 있습니다.

그러니 **"밤이 되면 왜 하늘이 깜깜해지나요?"라는 궁금증은 간단하지 않고 아주 심오한 질문입니다. 우주가 무한대로 팽창되는지, 아닌지에 관한 것으로 이어지니까요.** 과학자들은 아직도 이 문제에 대해 고민 중입니다.

무엇을 그릴지 생각이 나지 않을 때는 어떻게 하나요?

트레이시 에민 Tracy Emin

화가, 설치예술가

나도 무언가를 그리거나 만들 수 없을 때가 종종 있어요. 그럴 때는 다른 일을 해요. 친구를 만나거나, 게임을 하거나, 외식을 하거나, 수영을 하거나, 오랫동안 산책을 하거나, 쇼핑을 하거나 하지요. 그야말로 평범한 일상을 보내는 거예요.

나는 거의 날마다 새벽 1시에서 3시 사이에 일어나 2, 3시간씩 깨어 있어요. 사실 그때 일을 하면 좋으련만 그렇게는 잘 못해요. 왜냐하면 잠은 깼지만 옷을 갈아입고 작업실까지 갈 정도로 정신이 들지는 않거든요. 하지만 이제는 아이패드에 그림을 그릴 수 있는 앱을 깔았어요. 거기에 그리는 그림은 평상시 나의 스타일과는 아주 달라요. 손가락으로 그리는 데다, 좀 졸린 상황에서는 보통 때와는 다른 뇌의 영역을 쓰니까요. 게다가 언제라도 지워 버릴 수 있으니까 훨씬 자유롭게 느껴지더라고요.

작업이 잘 되지 않을 때는 책을 읽거나, 수영을 하는 것이 내게는 제일 효과적이에요. 수영을 하면 기분이 좋아져서 머리가 돌아가기 시작하거든요. 독서는 다른 사람들이 생각해 낸 이미지로 내 머릿속을 채울 수 있어서 스트레스가 풀려요. **여러분도 무엇을 그려야 할지 막막할 때는 여러분이 좋아하는 다른 일을 해 보세요.**

나는 늘 그림을 그리고 창작 활동을 해야 할 필요성을 느껴요. 그래서 예술가가 됐지요. 뭔가를 창조하지 않으면 살아가는 의미가 느껴지지 않아요. 그럴 때면 자신감도 없어지고, 내가 누구인지도 자꾸 잊게 되거든요.

전기는 어떻게 만드나요?

짐 알칼릴리 교수 Professor Jim Al-Khalili
과학자, 방송인

전기를 어떻게 만드는지 설명하려면 먼저 전기가 무엇으로 이루어졌는지 알아야 합니다. 곰곰이 생각하면 할수록 전기는 꼭 마술 같지요? 사실 전기가 무엇인지 잘 모르는 사람들이 많아요. 어쩌면 이 질문을 한 어린이도 주변 어른들한테 물어봤지만 별 신통한 대답을 못 들었을지도 모르겠군요. 흠, 최선을 다해서 한번 설명해 볼게요.

전기가 마술처럼 신비롭게 느껴지는 것은 우리가 눈으로 그것을 볼 수 없기 때문입니다. 전등과 컴퓨터, 텔레비전을 비롯해서 이 세상의 모든 것을 작동시키는 눈에 보이지 않는 에너지처럼 느껴지지요. 차를 움직이게 하는 기름과 같은 것이라고 할 수도 있겠네요. 자동차 엔진이 어떻게 기름으로 돌아가는지 그 원리는 알지 못해도, 적어도 기름은 눈에 보이고 냄새도 맡을 수 있지요.

그런데 전기는 눈에 보이지 않습니다. 마술이어서가 아니라, 전기를 만드는 것들이 '너무 작아서' 눈으로 볼 수 없기 때문이에요. 전기는 아주아주 작은 물질인 전자로 이루어져 있는데, 이는 원자 안에서 부산하게 돌아다니는 녀석입니다. 원자는 모든 곳에 다 있지요. 여러분을 포함해서 우주 전체는 모두 엄청난 수의 원자로 이루어져 있습니다.

또 전자에는 전하라는 것이 있는데, 이 전하 때문에 전자는 작은 자석처럼 행동하게 되지요. 전자가 원자 안쪽에 갇혀 있는 것도 원자 가운데 있는 강력한 핵이 전자를 끌어당기기 때문입니다.

각각의 원자는 가운데 있는 핵과 그 핵을 중심으로 돌고 있는 전자 사이에서 벌어지는 줄다리기 때문에 바빠서, 평소에는 이웃의 원자에게 신경을 쓰지 못합니다. 그런데 전자들 중 일부가 원자 바깥으로 탈출을 하면 재미있는 일들이 벌어집니다. 탈출한 전자들은 한데 모여 쇠 같은 물질들을 가로질러 군대처럼 행진합니다. 이것을 '전류'라고 부르지요. 이때 전자들은 아주 빠른 속도로 움직여요.

전자들이 이렇게 움직이는 것은 전자를 잃은 원자들이 그 자리를 채우기 위해 주변의 전자들을 끌어당기고, 그와 동시에 너무 많은 수의 전자를 가지고 있어서 더 이상 전자를 필요로 하지 않는 원자들은 따로 돌아다니는 전자들을 밀어내기 때문이지요. 수십억 개의 작은 전자가 전선을 따라 엄청난 속도로 이동하는 것을 두고 '전류가 흐른다'라고 말합니다.

자, 전기가 뭔지 이야기했으니 이제 어떻게 전기를 만드는지 알아볼까요? 전기를 만들기 위해서는 많은 수의 원자에서 많은 수의 전자를 떼어 낸 다음에, 배터리 같은 장소에 보관해야 합니다. 그러면 전구처럼 뭔가를 작동할 필요가 있을 때 꺼내 쓸 수 있지요.

전기를 대규모로 만들어 내는 방법은 여러 가지가 있습니다. 보통 발전기라고 부르는, 특별한 모터를 증기의 힘으로 돌리는 방법이 제일 많이 쓰여요. 물론 쉽지는 않아요. 무엇보다도 먼저 물을 끓여서 증기로 만드는 데 에너지가 필요합니다. 그 에너지는 원자에서 나올 수도 있고(핵에너지라고 합니다), 태양이나 바람을 이용할 수도 있고, 석탄 같은 물질을 태워서 얻을 수도 있습니다. 아주 많은 과정을 밟아야 하는 건 말할 것도 없고요. 그럼에도 불구하고 우리는 집에서 스위치를 올리거나, 단추만 눌러도 원하는 일을 전자들이 하도록 만들 수 있으니 얼마나 편한지 몰라요!

우리 뼈는
무엇으로 만들어져 있나요?

앨리스 로버츠 교수 Professor Alice Roberts

해부학자, 작가

 뼈는 정말 신기하고 대단한 물건입니다. 사람들은 뼈가 그저 하얗고 잘 바스러지는, 생명이 없는 물체라고 생각하지만 몸속의 뼈는 생생하게 살아 있어요.

 뼈는 굉장히 단단한 물질로 구성돼 있는데, 그 물질 안에는 아주 작은 세포가 가득 들어 있습니다. 색도 분홍색이에요. 핏줄이 많이 들어 있기 때문이랍니다. 뼈는 엄청나게 강하지만-거의 쇠만큼 강해요-잘 바스러지지는 않아요. 사실 뼈를 부러뜨리는 건 쉬운 일이 아니에요. 다행이죠? 칼슘이 많이 섞인 아주 단단한 무기질과 강한 단백질이 포함돼 있기 때문이지요.

뼈는 계속해서 변화합니다. 안과 밖 모두요. 계속해서 자라는 아이의 경우에는 뼈의 모양과 크기가 변하는 게 당연하지만, 어른이 되어도 뼈는 조금씩 변합니다. 뼈 안에 살아 있는 세포가 들어 있기 때문이지요. 이 세포들 중 '조골세포'라고 하는 것은 뼈가 되는 물질을 만들어 내는 능력을 가지고 있어요. 그런가 하면 '파골세포'라고 하는 것은 뼈가 되는 물질을 먹어 치우는 일을 합니다. 이 조골세포와 파골세포가 힘을 합쳐 뼈 전체가 알맞은 모양과 크기가 되도록 하고, 우리 몸에 닥치는 여러 가지 압력을 견디게 한답니다.

대퇴골이라고도 부르는 허벅지 뼈를 예로 들어 볼까요? 그 뼈를 반으로 자른다 해도 눈으로 세포들을 볼 수는 없어요. 현미경이 있어야 하지요. 하지만 현미경이 없어도 뼈 가운데 부분과 끝부분이 전혀 다르게 생겼다는 것은 볼 수 있을 겁니다. 우리 허벅지 뼈의 중간 부분은 두꺼운 호스나 원통 모양으로 뼈를 이루는 물질들이 배열되어 있고, 비어 있는 안쪽에 골수가 들어 있습니다. 어른의 골수는 대부분 지방으로 이루어져 있지만, 아이의 골수에는 피를 만드는 세포들이 들어 있어요.

뼈의 끝부분은 좀 다르게 생겼습니다. 가운데 골수가 들어갈 공간이 없이 스펀지처럼 생긴 뼈로 이루어져 있지요. 사실 이 부분을 스펀지 뼈라고 부르기도 해요. 물론 이 뼈는 스펀지처럼 바스러지거나 푹신하지 않고, 굉장히 단단하답니다.

　뼈는 세포와 핏줄로 가득한 살아 있는 기관이기 때문에 부러져도 스스로 얼른 그 부분을 고칠 수 있습니다. 부러진 부분을 움직이지 않도록 고정하면 더 빨리 낫기 때문에 팔이나 다리가 부러지면 의사 선생님이 부목을 대거나 깁스를 해 주시는 거예요. 몇 주 안에 새로운 뼈가 자라서 부러진 부분은 '풀로 붙이듯' 연결됩니다. 정말 신기하고 대단하지요. 여러분도 그렇게 생각하지 않나요?

배를 타고 가는데 음식이나 물이 전혀 없으면 어떻게 해야 하나요?

로즈 새비지 Roz Savage

조정 선수, 노를 저어 3대양을 건넌 최초의 여성

다행히 나는 한 번도 그런 일을 겪은 적이 없어요. 배를 타고 바다를 건널 때는 음식도 많이 가져가고, 바닷물을 걸러서 식수로 만드는 기계도 챙겨 가니까요. 하지만 식량이 다 떨어지고, 물을 거르는 기계가 고장 난다면 꾀를 많이 내야겠지요.

음식 문제는 물고기를 잡아서 해결할 수도 있어요. 하지만 상황이 그렇게까지 되지 않기를 진정으로 바랍니다. 바다를 혼자 여행하다 보면 배 밑으로 물고기들이 모여드는데, 시간이 지나면서 크기랑 몸에 난 상처를 보고 물고기 하나하나를 구별하게 돼요. 배에 혼자 타고 있으니 물고기들이 유일한 친구들인 셈이에요. 어떨 때는 녀석들에게 말을 걸 때도 있어요(하지만 그 물고기들이 내 말에 대꾸하기 시작하면 그건 나한테 뭔가 문제가 있다는 뜻이겠죠). 그러니 물고기들을 잡아먹는 건 정말 힘든 일이 될 것 같아요. 너무 배가 고파지면 어쩔 수 없겠지만요!

  마실 물은 햇빛을 가리는 차양으로 빗물을 받아 활용해야겠지요. 하지만 쉬운 일은 아닐 거예요. 며칠 동안, 심지어 몇 주 동안 비가 내리지 않을 때도 많으니까요. 비가 내린다 해도 어떨 때는 바람이 너무 심하게 불어서 비가 수평으로 밀어닥치기도 하니, 그럴 때면 빗물을 받기 힘들 거예요. 아니면 지나가는 배에 사정해서 물을 얻는 방법도 있지요. 다만 그 물을 나에게 줄 때 플라스틱 병에 담아 주지 않았으면 좋겠어요. 바다에 버려진 플라스틱 병들이 너무 많이 둥둥 떠다니거든요.

  제일 좋은 건 떠나기 전에 준비를 철저하게 하는 것이겠지요. 그리고 먹을 음식도, 마실 물도 없는 상황에 처하지 않기를 기원합니다. 큰 파도가 몰아치고, 태풍이 불고, 상어가 다니는 바다에서의 삶은 쉽지 않거든요. 거기에 더해 목이 마르고 배가 고프기까지 하면 그야말로 견디기 힘들 것 같아요.

고양이는 어떻게 길을 잃지 않고 항상 집에 잘 찾아오나요?

루퍼트 셸드레이크 박사 Dr Rupert Sheldrake
생물학자, 작가

고양이가 전에 가 봤던 곳에서 짧은 길을 되짚어 왔다면 거리, 건물, 나무 모습 등을 기억해 내서 집으로 돌아왔을 겁니다. 하지만 어떤 고양이들은 굉장히 멀리 떨어져 있는 낯선 곳에서부터 집을 찾아오기도 합니다. 개들도 이런 능력을 갖고 있습니다. 방향감각을 타고 나서 처음 가 보는 곳에서도 집까지 잘 찾아옵니다. 어떨 때는 수백 킬로미터를 걸어서 집으로 돌아오기도 하죠. 개와 고양이가 잃어 버린 집과 주인을 찾아가는 영화 〈머나먼 여정 Homeward Bound: The Incredible Journey〉도 실제 일어난 일에 기초한 이야기라고 합니다.

하지만 고양이와 개 이야기는 다른 동물들이 가진 방향 감각을 생각하면 빙산의 일각이라 할 수 있습니다. 비둘기들은 아주 먼 곳에서도 자기 집을 찾아가요. 이런 성질을 이용해서 경기를 하기도 합니다. 경기에 이용되는 비둘기들은 900킬로미터의 거리를 날아 하루 만에 집을 찾아옵니다. 이 정도 되면 집을 보고 찾아서 오는 게 아니지요. 연구를 해 보니, 이 비둘기들은 집에서 떠나올 때 왔던 길을 기억해서 가는 것도 아니라는 사실이 밝혀졌습니다. 그렇다고 태양의 위치에 의존하는 것도 아니에요. 아주 흐린 날에도 길을 찾고, 심지어 훈련을 하면 밤에도 길을 찾을 수 있으니까요.

아무래도 지구의 자기장이 어느 정도 역할을 하는 것 같습니다. 나침반의 바늘이 북쪽을 가리키는 것도 바로 자기장 때문이지요. 그래서 우리도 나침반을 사용하면 어느 방향으로 가는지 알 수 있습니다. 하지만 비둘기 머리에 나침반 같은 것이 들어 있다 하더라도, 그들이 가진 놀라운 능력은 모두 설명되지 않습니다. 우리가 아주 낯선 곳에 가서 나침반을 들고 낙하산에서 내렸다고 해 봅시다. 나침반으로 동서남북은 가릴 수 있겠지만, 그렇다고 어느 쪽에 집이 있는지는 알 수 없을 거예요.

철 따라 이동하는 동물들은 비둘기보다 더한 일을 해냅니다. 영국 뻐꾸기는 아프리카 남쪽까지 이동합니다. 새끼들을 뒤에 남기고 사하라사막을 지나 날아가는 것이지요. 영국에 남은 새끼들은 다른 종류의 새 둥지에서 자라면서 부모를 다시는 만나지 못합니다. 하지만 부모가 떠난 지 몇 주 만에 어린 뻐꾸기는 다른 어린 뻐꾸기들과 무리를 지어 부모들이 간 아프리카 지역으로 길을 찾아갑니다.

이 경우에도 지구의 자기장이 어느 정도는 역할을 하는 것 같지만, 완전히 설명되지는 않아요. 나는 동물과 집이 눈에 보이지 않는 고무줄 같은 힘으로 연결되어 있는 것 같아요. 집에서 수백 킬로미터 떨어진 곳에 데려다 놓은 비둘기는 몇 번 둥근 원을 그리며 날다가, 뭔가가 잡아당기는 것처럼 집을 향해 날아가기 시작합니다. 또 뻐꾸기 새끼들은 방향 감각을 유전으로 물려받고, 조상들이 끄는 어떤 힘에 이끌려서 길을 찾는 것 같아요. 뻐꾸기종이 공유하는 집단 기억 같은 것 말이에요.

사실 이건 이론에 불과하지요. 동물들이 어떻게 그토록 길을 잘 찾을 수 있는지를 정확히 아는 사람은 아무도 없으니까요!

지구 안에는 뭐가 들어 있나요?

이언 스튜어트 교수 Professor Iain Stewart
지질학자

바위요! 그것도 6000킬로미터도 넘는 아주 두꺼운 바위! 그 정도면 프랑스 파리에서 인도 델리까지의 거리지요. 지구의 중심을 향해 수직으로 내려가야 한다는 게 다르지만요.

지구의 제일 깊은 곳인 중심핵으로 내려가면, 위에서 누르는 압력이 엄청나게 커서 광물질을 풍부하게 함유하고 있는 바위들이 눌려 단단한 철 덩어리로 변합니다. 우리가 직접 내려갈 수 있다면, 길이가 수백 미터에 달하는 거대한 철 결정체를 볼 수 있을 텐데 말이죠. 아쉽군요.

그보다 조금 위쪽으로 올라오면 압력은 조금 낮지만 온도는 태양의 표면보다 더 뜨거운 곳이 나옵니다. 여기에서는 핵을 이루는 것과 동일한 물질이 액체 상태로 존재하지요. 지구 핵의 외부에 해당하는 이 부분에서는 소용돌이치며 흐르는 철의 바다로 인해 지구의 자기장이 형성됩니다. 또 지구 내부의 뜨거운 열로 맨틀(지구 내부 핵과 바깥쪽 사이에 있는 부분)이 천천히 흐르기 때문에 그 위에 있는 지구 표면이 조금씩 이동하기도 합니다.

아주 커다란 삶은 달걀을 상상해 보세요. 반숙 달걀의 익지 않은 노른자위가 지구핵의 액체 부분에 해당합니다. 흰자위는 지구핵을 감싸고 있는 더 가벼운 바위로 이루어진 맨틀이라고 할 수 있지요. 수백 미터의 두께를 가진 맨틀은 바위가 녹을 정도로 뜨겁지만, 압력이 워낙 높아서 고체 상태로 존재합니다. 정확히 말하자면 따뜻한 고무찰흙 같은 질감이라고 해야겠지요.

그 바깥에는 지각이라고 부르는 얇디얇은 지구의 껍질이 있습니다. 수십 킬로미터 정도의 두께지만 다른 부분에 비하면 아주 얇은 편입니다. 지각 부분에 와서야 온도가 섭씨 100도 이하로 떨어져요. 엄청나게 뜨거운 내부의 열기가 이 부분에 와서 계속 식으면서 차갑고 딱딱한 지각의 아래쪽이 갈라집니다. 이렇게 퍼즐 조각처럼 갈라진 것들을 '판' 또는 '플레이트'라고 부르지요. 판들 사이의 갈라진 부분에서는 압력이 빠져나오면서 바로 아래에 있던 맨틀이 갑자기 녹아 위로 솟구쳐 오르게 됩니다. 화산에서 터져 나오는 용암이 바로 이것이지요.

화산은 대양저라고 부르는 바다 밑의 땅에서 제일 쉽게 터집니다. 지각의 가장 얇은 부분이라 그렇지요. 이렇게 금이 간 부분이 식으면서 새로운 지각이 형성됩니다. 또 다른 곳에서는 지각의 판들이 서로 충돌해서 구겨지거나, 한 판이 다른 판 밑으로 들어가면서 지각이 파괴되기도 합니다. 이런 식으로 판들이 태어나고 죽는 과정에서 생기는 상처들은 히말라야나 안데스산맥처럼 거대한 산맥으로 남게 돼요. 지구의 어디를 봐도 몇백만 년에 거쳐 판들이 옮겨 다닌 흔적을 볼 수 있습니다. 대륙, 바다, 산맥, 화산 모든 것이 판들의 이동으로 만들어진 것들이거든요.

하지만 **생각할수록 신기한 것은, 지구라는 이 장엄한 기계에 연료를 대는 심장이 땅 표면에서부터 수천 킬로미터 안쪽에 반액체, 반고체 상태로 자리 잡고 있다는 사실입니다.**

신은 누구인가요?

가장 많이 나온 주제 중의 하나인 이 질문에는 대답도 여러 가지가 나올 수 있습니다. 그래서 이 문제에 관해 서로 다른 의견을 가진 3명의 어른들에게 묻고, 그 답을 실었습니다.

줄리언 바지니 Julian Baggini
철학자, 작가

신이 누구냐고요? 정말 좋은 질문이에요. 우리는 저마다 신이 누구인지에 대해 생각하지만, 그렇다고 확실히 답을 아는 사람은 아무도 없습니다. 많은 사람이 신을 아버지처럼 생각합니다. 모든 사람의 아버지 말이에요. 우주와 우주 안의 모든 것을 창조하고, 우리 모두를 사랑하는 아버지. 하지만 잘못하면 혼내고 벌도 주는 존재. 신을 믿는 사람들은 우리를 낳아 준 부모님을 사랑하고 따르듯이, 신도 사랑하고 따라야 한다고 생각합니다.

하지만 신을 믿는 사람들 사이에서도 신이 정확히 누구인지에 관해서는 서로 의견이 다릅니다. 서로 다른 생각들을 하고 있기 때문에 서로 다른 종교가 생겨났고, 심지어 같은 종교 안에서도 여러 종파(같은 종교의 갈린 갈래)가 생겨났지요.

신은 어떤 존재가 아니라 일종의 '힘'이라고 생각하는 사람들도 있습니다. 세상은 선과 악으로 가득 차 있고, 그중 선을 부르는 또 다른 이름이 신이라고 생각하는 것이지요.

어떤 사람들은 신이 존재하지 않는다고 생각합니다. 그들은 우주가 어떻게 생겨났고, 우리가 왜 착하게 살아야 하는지를 설명하기 위해 인간들이 종교와 신을 만들어 냈다고 생각합니다. 그리고 이제는 과학을 통해 세상을 더 잘 이해할 수 있게 됐으니, 더 이상 신을 믿지 않아야 한다고 말하지요.

그러니 '신은 누구인가?'에 대한 명료하고 간단한 답은 없습니다. 각자가 곰곰이 생각해서 어떤 대답이 제일 납득이 가는지 스스로 결정해야 합니다. 충고 하나 해도 될까요? 이 문제에 관해 고민하고 있는데, 누군가가 자신은 신이 누구인지 확실히 안다고 말한다면 일단 그를 의심부터 하세요!

메그 로소프 Meg Rosoff
작가

 와, 정말 좋은 질문이에요! 신은 남자일까요? 아니면 여자? 아니면 물고기? 염소? 신은 젊을까요, 늙었을까요? 양파만 할까요, 아니면 공룡만 할까요? 어쩌면 에베레스트산만큼 클지도? 신은 눈에 보이지 않는 존재일까요? 지금 점심을 먹기 위해 자리를 비웠을까요? 신은 약 만 년 전에 누군가의 머릿속에 떠오른 아이디어에 불과할까요? 하늘에서 살까요? 아니면 우주 공간에? 또는 우리 머릿속에? 성경 책 안에? 아니면 아무데서도 살지 않는 건 아닐까요?

 어떤 사람들은 신이 인간을 창조했다고 생각합니다. 어떤 사람들은 인간이 신을 창조했다고 생각합니다. 어떤 사람들은 자기의 신이 유일한 신이라고 생각합니다. 어떤 사람들은 신이 아주 많이 있다고 생각하지요. 수백 명쯤! 어떤 사람들은 신이 누구인지에 대해 자기랑 생각이 다른 사람들은 죽여야 한다고 주장하기도 합니다. 어떤 사람들은 신이 없다고 완전히, 100퍼센트 확신합니다.

신은 '느낌'일지도 몰라요. 안전하다고 생각하게 해 주는 어떤 좋은 느낌. 아니면 "이건 하면 안 돼, 저건 하면 안 돼" 하고 외쳐 대는 느낌인지도 모르지요. 어쩌면 신은 다른 사람을 해치면 안 된다고 속삭이는 머릿속의 목소리인지도 모릅니다. 물건을 훔치면 안 되고, 생명을 죽이면 안 되고, 잼 뚜껑을 꼭 닫아야 한다고 속삭이는 목소리 말이에요. 어쩌면 자연과 비슷한 존재인지도 몰라요. 햇볕이 따스한 날 또는 바닷가에 철썩거리는 파도와 같은 존재. 어쩌면 우리는 신이 필요할 때만 신을 보는지도 모르지요. 아니면 신은 어디에도 없는 존재인지도 모르고요.

다른 사람이 믿는 신은 신이 아니라고, 혹은 신에 대한 누군가의 생각이 틀렸다고 말할 자격이 있는 사람은 세상에 아무도 없습니다. 그건 각자 결정할 문제이니까요. 그리고 우리 모두는 이 문제에 대해 언제라도 생각을 바꿀 수 있어요.

프랜시스 스퍼포드 Francis Spufford
작가

　먼저 말해 둘 게 있어요. 신은 슈퍼 히어로가 아니라는 사실이에요. 우리와 똑같은데 더 힘세고, 머리가 좋고, 초능력을 사용해서 온 세상을 누비고 다니는 그런 슈퍼맨이 아니라는 말이지요. 사실 신은 이 세상의 일부가 아닙니다. 신을 믿는 사람에게 신은 이 세상이 존재하는 이유이지요. 눈에 보이는 모든 것은 신이 아낌없이 주는 사랑으로 가능한 것이니까요.

　신의 존재 유무를 증명할 방법은 없어요. 하지만 신을 믿는 사람들은 그의 존재를 느낄 수 있다고 생각하지요. 고요한 마음이 들 때 찾아오는 정적 속에서, 기도하는 목소리 속에서, 혹은 홀로 길을 걷는 나그네가 외롭지 않을 때 신을 느끼는 것입니다. 기독교인은 우리가 사랑으로 행동할 때 신이 가까이 온다고 생각하고, 유대교인과 이슬람교인은 정의롭게 행동할 때 신이 가까이 있다고 생각합니다. 하지만 그들 모두 신이 우리를 사랑하고, 우리의 행동을 지켜본다는 것에는 동의하지요.

　인간은 누구나 실수를 하고 잘못을 저지를 때가 많지만, 신은 절대 인간을 포기하지 않습니다. 무조건 우리를 사랑하는 것이 신이지요. 이렇게 이야기하니 신이 꼭 이상적인 엄마, 아빠 같다는 생각이 들지요? 맞아요, 신을 믿는 사람들에게 신은 온 우주의 엄마이자 아빠니까요.

나쁜 일을 하거나, 파괴적인 행동을 하면 우리는 신에게서 멀어집니다. 그리고 친절하고 남을 돕는 일을 하면 신에 가까운 사람이 되지요. 신과 비교하면 우리는 두 눈이라는 작은 창문으로 세상을 보는 덧없는 작은 존재에 불과합니다. 그러나 이상하게도 이렇게 작은 존재인 우리이지만, 신을 생각한다고 더 작고 초라하게 느껴지지는 않아요. 우울해지거나 힘이 빠지는 건 아니라는 이야기지요.

그 반대로 오히려 아주 높은 산 꼭대기에 올랐을 때와 비슷한 느낌에 가깝습니다. 짙푸른 하늘에 햇빛이 다이아몬드처럼 끝없이 반짝이는 풍경을 한눈에 다 내려다볼 수 있을 때처럼 말이에요. 그럴 때면 우리는 내가 알던 것보다 세상이 훨씬 큰 곳이고, 어쩌면, 정말 어쩌면, 나 자신도 내가 생각하던 것보다 더 큰 존재라는 사실을 깨닫게 될지도 모릅니다.

4장

물음표가 많을수록 멋진 철학자가 될 테니까요

우주는
얼마나 먼가요?

마커스 초운
과학 전문 작가

아마도 많은 분이 우주는 지구에서부터 수천 킬로미터, 심지어 수백만 킬로미터쯤 떨어져 있을 거라고 생각할 것 같아요. 그런데 우주는 우리가 사는 집 문 앞에서 36킬로미터밖에 떨어져 있지 않아요. 단, 위로 똑바로 올라가야 하지만요. 36킬로미터 거리면 여러분도 충분히 걸어서 갈 수 있는 정도지요. 물론 굉장히 힘들어서 불평을 많이들 하겠지만 말이에요.

하지만 하늘을 향해 36킬로미터를 올라가려면 로켓이 필요합니다. 사실 로켓을 우주로 보내는 것은 그리 쉬운 일이 아닙니다. 로켓 자체와 로켓을 감싼 금속 껍데기를 한 번에 우주 공간까지 밀어 올릴 만큼 힘이 센 연료가 없기 때문이지요. 로켓을 우주 공간에까지 올릴 수 있는 유일한 방법은 로켓이 공중 높이 올라간 다음, 거기까지 가는 데 쓴 부분들을 떼어서 버리는 길뿐입니다. 그렇게 하고 나서 가벼워진 남은 부분을 우주로 보내기는 조금 더 쉽거든요.

예를 들어 엄마나 아빠가 마트에 갈 때마다 운전대와 타이어 4개만 남기고, 차의 나머지 부분은 모두 떼어서 버린다고 상상해 보세요. 다음번에 장보러 갈 때는 차를 다시 만들어야 할 테니, 말도 안 되지요? 하지만 우주선은 그렇게 해야 합니다. 로켓을 쏘아 올릴 때마다 다시 만들어야 하는 것이지요. 우주 여행이 왜 그렇게 비싼지 알겠지요? 미국 우주 왕복선을 1번 쏘아 올릴 때마다 무려 5억 달러(우리 돈으로 약 7300억 원)가 든다고 해요.

그렇다면 36킬로미터 높이의 사다리를 만들면 우주 공간까지 더 저렴하고 쉽게 갈 수 있지 않을까요? 하지만 애석하게도 그 정도 높이의 사다리를 만들면, 아무리 세상에서 가장 강한 금속을 써도 자기 무게를 견디지 못하고 무너질 거예요. 하지만 새로운 물질이 계속 개발되고 있으니, 지금의 어린이들 세대가 지나기 전에 우주 사다리가 나올 가능성도 상당히 높습니다. '우주 엘리베이터'라고 부르기도 하는 장치가 나오면 우주로 가기도 쉽고 비용도 싸지겠지요. 어쩌면 휴가를 우주에서 보내게 될 날이 올 지도 몰라요!

번개는
어떻게 치나요?

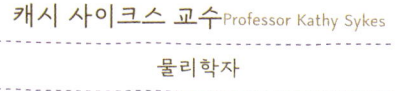

캐시 사이크스 교수 Professor Kathy Sykes
물리학자

번개가 치는 하늘은 정말 장관이지요. 너무도 신비롭게 보이는 이 번개에 대해서 우리가 사실 지금도 모르는 게 있어요. 확실한 것은 번개가 보통 '적란운'에서 생긴다는 사실이에요. 아주 높이높이 피어오르는 구름인 적란운은 어떨 때는 그 두께가 19킬로미터가 넘을 때도 있는데, 이는 천둥을 동반하는 폭풍우가 내릴 때 만들어집니다. 짙은 색을 띠고 마치 화난 듯한 인상의 이 구름은 가끔 맨 꼭대기쪽에 버섯 머리처럼 옆으로 퍼진 모양의 층을 형성하기도 하지요. 구름이 중심에서 사방으로 멀리 쭉 뻗어 나가면서 버섯 윗부분처럼 보입니다.

적란운 안쪽에는 굉장히 세찬 바람이 붑니다. 바람이 너무 세서 작은 비행기들은 적란운 가운데로 들어가면 위험합니다. 이 바람을 타고 높은 상공의 차가운 지역으로 올라간 공기 중의 습기는 비와 얼음 입자가 됩니다. 과학자들은 구름 속의 비, 얼음, 바람 등 때문에 번개가 만들어진다고 생각합니다. 우선 실제로 번개가 어떻게 치는지 알아보려면 원자에 대해 조금 알고 넘어가야 합니다.

세상의 모든 것은 원자로 이루어져 있습니다(이젠 너무나 잘 알고 있지요?). 우리 인간들도 원자로 이루어져 있고, 바위, 동물, 식물, 공기 모두 원자로 이루어져 있지요. 원자에는 양전하가 흐르고, 그 양전하를 상쇄하는 음전하도 들어 있습니다. 그중 음전하를 띤 입자를 전자라고 합니다. 음전하와 양전하는 서로 강하게 끌어당기기 때문에 평소에는 잘 떨어지지 않아요. 하지만 큰 힘이 가해지면 분리되기도 합니다. 이렇게 분리된 전하는 될 수 있는 대로 빨리 상대방 전하와 다시 결합하려는 성질을 가지고 있습니다.

자, 다시 적란운 안쪽으로 들어가 볼까요? 과학자들은 세찬 바람에 밀린 빗방울과 얼음 입자가 부딪히면서 음전하와 양전하가 분리되는 것 아닐까 하고 추측합니다. 이렇게 분리된 음전하는 구름 아래쪽에 모이고, 양전하는 바람을 타고 구름 위쪽으로 올라갑니다. 음전하와 양전하가 정확히 어떻게 분리되는지는 아직 완전히 밝혀지지 않았습니다. 과학자들은 여러 가지 이론을 내놓고 연구하고 있지요. 하지만 일단 구름 아래쪽에 음전하가, 구름 위쪽에 양전하가 많이 모이면 번개가 칠 가능성이 생깁니다. 음전하와 양전하는 서로를 끌어당깁니다. 구름 아래쪽에 모인 강한 음전하는 다시 중성이 되기 위해 구름 위쪽의 양전하 혹은 자기보다 아래, 즉 땅에 모여 있는 양전하와 합쳐지려고 하지요.

  결국 전하의 차이가 너무 커지면서 음전하를 띤 전자들은 땅으로 내려가려 합니다. 이때 '계단형 선도'라고 하는 것이 형성됩니다. 이건 구름에서 뻗어 나오는 첫 번째 번개를 부르는 이름인데, 그 크기는 보통 50미터가 넘습니다. 여기서 가지가 뻗어 나가면서 더 많은 계단형 선도가 만들어지지요. 이렇게 선도가 땅에 가까워지면 땅에 있던 양전하는 번개 끝의 강한 음전하와 연결되고 싶어 합니다.

번개가 많이 치는 날 몸의 털이 꼿꼿이 서는 느낌이 들면, 그 순간이 바로 걱정을 시작해야 할 순간입니다! 여러분의 몸에 있는 양전하가 구름의 음전하와 합치고 싶어 한다는 증거이니까요. 이 음전하들이 번개의 계단형 선도를 여러분이 있는 곳으로 언제 불러들일지 모릅니다. 이때 움직이는 것이 가능한 머리털이 우리 몸 안의 전하가 어느 쪽으로 움직이려 하는지를 보여 주는 신호 역할을 한답니다.

순식간에 계단형 선도가 땅에 도달하든지, 아니면 땅의 양전하가 올라가 양쪽이 만납니다. 번개가 친 것이지요. 그리고 전하가 땅과 구름 사이를 왔다 갔다 합니다. 사실 번개의 밝은 빛은 땅의 양전하가 올라가는 '복귀뇌격'이라고 부르는 데서 나옵니다. 계단형 선도는 거의 보이지 않습니다.

때론 구름 안이나 구름과 구름 사이에서 번개가 칠 때도 있습니다. 구름 아래쪽의 음전하에서 생긴 계단형 선도가 구름 위쪽으로 뻗치는 것이지요.

어떤 방향으로 계단형 선도가 뻗어 나가든 간에, 번개가 치는 엄청난 광경은 결국 서로 갈라진 전하들이 다시 합쳐서 균형을 되찾으려고 하는 과정에서 생기는 것이랍니다.

왜 어떤 사람은 키가 크고,
어떤 사람은 키가 작나요?

케이티 우다드 Katie Woodard

법의학자

　우리는 모두 세포 안에 DNA를 가지고 있습니다(모든 생물은 세포로 이루어져 있지요). 여러분이 가지고 있는 DNA는 엄마, 아빠에게서 받은 거예요. DNA는 엄마 뱃속에서 자라기 시작한 날부터 우리 몸에 일어나는 모든 일을 관장하는 요술 주문이라고 할 수 있죠.

　여러분도 알고 있겠지만 어떤 종족은 다른 종족보다 전반적으로 더 크거나 더 작습니다. 수천 년이 넘는 오랜 시간에 거쳐 그렇게 진화했기 때문입니다. 이렇게 된 데는 아주 많은 이유가 있습니다. 긴 세월 진화하는 동안, 건강한 음식을 얼마나 많이 구할 수 있었는가 하는 것도 DNA를 결정하는 요소 중 하나지요.

하지만 그게 다가 아닙니다. 꽃씨를 땅에 심는다고 해서 매번 완벽하게 아름다운 꽃으로 자라는 것은 아니지요? 꽃나무가 잘 자라려면 햇빛과 물 그리고 좋은 흙이 필요하듯이, 우리도 우리의 DNA가 허용하는 최대한으로 키가 자라기 위해서 몇 가지 요소들이 필요합니다. 먼저 충분히 자고, 적당히 운동하는 것이 중요합니다. 하지만 가장 중요한 것은 신선하고 가공이 되지 않은, 집에서 만든 영양가 높은 음식을 골고루 먹는 것이지요.

소변은
왜 노란가요?

샐리 매그너슨 Sally Magnusson
저널리스트, 작가

소변은 제 할 일을 다 마친 피에서 시작됩니다. 그리고 우리 몸에서 일어나는 여러 가지 대단한 일들을 돕는 것으로 그 역할은 끝이 나지요.

피가 기차라고 한번 상상해 볼까요? 우리 몸을 돌아다니면서, 건강한 몸을 유지하는 데 중요한 역할을 하는 온갖 화물들을 실어 담았다가 필요한 곳에 내려 주는 기차 말이에요. 노선을 다 돌고 난 기차에는 항상 몇 가지 남는 물건들이 있지요. 피의 경우에는 질소와 암모니아 같이 중요한 화학물질들이 아주 많이 남습니다. 콩팥은 이렇게 남은 화학물질을 여분의 물과 함께 곧장 방광으로 보냅니다. 이것들이 하루에 몇 번씩 몸 밖으로 콸콸 쏟아져 나가는데, 그게 바로 소변입니다.

하지만 소변은 왜 노란색일까요? 피를 빨갛게 보이도록 하는 세포들이 온몸을 돌아다니는 사이에 완전히 닳아 없어지기 때문입니다. 수명을 다한 붉은색 세포들이 노란색으로 변한 거예요. 그것들이 우리 소변에 섞여 나오면서 소변을 노란색으로 보이도록 만드는 것이랍니다. 소변을 담황색으로 만드는 이 색소를 '우로크롬urochrome'이라고 부릅니다.

하지만 소변이 항상 노란색만 띠는 것은 아니지요. 간혹 음식에 든 색소가 소변으로 나오기도 해요. 비트를 많이 먹은 다음 소변 색을 살펴보세요. 밝은 빨간색일 거예요. 당근을 너무 많이 먹고 나면 소변이 살짝 주황색이 되기도 하죠. 혹은 아스파라거스는 소변이 약간 녹색 빛을 띠게 만들기도 합니다.

그리고 물을 충분히 마시지 않으면 소변 색이 아주 진한 노란색이 되지요. 이건 상당히 심각한 문제입니다. 사실 아주 옛날부터 의사들은 병을 진단하기 위해 사람들의 소변 색을 살펴보았습니다. 정신병을 앓았던 불쌍한 영국의 왕 조지 3세는 파란색 소변을 보기도 했다고 해요. 얼마나 놀랐을까요?

정말 신기한 이야기를 해 줄까요? 소변에 아주 중요한 화학물질이 들어 있다고 한 말 기억하지요? 그 화학물질들은 다시 사용할 수 있어요. 그래서 아주 오래전에 사람들은 상처를 아물게 하고 화상을 치료하기 위해서 소변을 피부에 바르는 치료법을 써 왔습니다. 또는 식물들을 소변에 담가서 염색약을 만들기도 했고, 빵을 만드는 데 쓰기도 했어요(정말이에요!). 소변은 꽃이랑 곡식이 잘 자라도록 돕기도 합니다. 믿기지 않겠지만, 수백 년 동안 소변은 화약을 만드는 데 중요한 재료로 사용되기도 했습니다.

소변에는 암모니아가 들어 있기 때문에 비누와 같은 기능도 할 수 있습니다. 고대 로마 사람들은 로마시대 의상인 토가(고대 로마 남성이 입었던 낙낙하고 긴 겉옷)를 소변으로 빨았고, 상당히 최근까지 방직공들도 소변을 이용해 천을 세탁했습니다. 영국 사람들은 소변 한 양동이에 1페니씩 받고 팔기도 했지요. 하지만 요즘은 소변 사는 사람이 없으니 너무 기대하지는 마세요!

소변은 아직도 여러 곳에 유용하게 사용됩니다. 스코틀랜드 과학자들은 소변으로 전기를 만드는 방법을 개발했습니다. 덴

마크에서는 돼지 소변을 재활용해서 플라스틱을 만들고, 심지어 립스틱을 만들기도 합니다. 미국 과학자들은 소변으로 수소를 만들어내고 있는데, 앞으로 자동차 연료로 쓸 방법을 연구하고 있습니다. 아, 그리고 소변으로 진짜 효과 있는 투명 잉크도 만들 수 있지요.

날마다 변기에 버리는 하찮아 보이는 노란색 액체지만 알고 보니 상당히 대단하죠?

심심하고 지루한 느낌이 드는 건 왜일까요?

피러 투이 교수 Professor Peter Toohey
학자, 작가

코끼리 알죠? 아주 크고, 회색이고, 힘도 세고 그리고 아주아주 긴 코를 가지고 있는 코끼리요. 그 긴 코로 물건을 집어 올릴 수 있고, 물 같은 걸 빨아올릴 수도 있지요.

나도 코끼리 같은 코를 가지고 있다면 절대 심심하지 않을 것 같아요. 물을 코로 빨아올렸다가 친구들한테 뿜는 장난도 할 수 있을 테니까요. 하지만 정작 코끼리들은 그렇게 재미난 코를 가지고도 심심해합니다. 그렇게 심심하고 지루해지면 코끼리들은 심술을 부려요. 몸을 옆으로 흔들흔들 기울이기도 하고, 커다란 다리와 발로 쿵쿵거리기도 하고, 긴 코를 휘두르기도 하지요.

심심해서 심술부리는 코끼리를 어떻게 달랠까요? 그럴 땐 음악을 틀어 줍니다. 코끼리들은 바이올린이 많이 들어간 아주 심각하고 오래된 음악을 좋아한다고 해요 그 정도는 나도 짐작했어요. 코끼리들이 좀 구식이라고 생각하고 있었거든요. 여러분은 코끼리가 좋아하는 그런 음악을 좋아하나요? 아닐 것 같아요. 여러분은 침팬지의 취향에 더 가까울 것 같아요. 북아일랜드 벨파스트 동물원의 과학자들이 침팬지들에게 로큰롤 음악을 틀어 주면 그들이 지루해하지 않는다는 사실을 발견했거든요.

그런데 왜 코끼리들은 음악을 들어야 될 정도로 심심하고 지루해할까요? 보통 작은 동물원에 갇혀서 할 일이 별로 없을 때 그렇게 되지요. 친구들과 넓은 곳을 누비고 다니지 못하고, 아침으로 건초, 점심으로 건초, 저녁으로 건초…… 이런 식으로 다음에 어떤 일이 벌어질지 너무 뻔히 알게 되면 지루해하는 거예요.

여러분이 심심하고 지루한 기분을 느끼는 것도 이와 마찬가지일 거예요. 할 일이 별로 없을 때, 친구들과 만나지 못했을 때, 밖에 나가 놀고 싶은데 집 안에서 조용히 움직이지 않고 있어야 할 때…… **이렇게 심심하고 지루한 느낌이 든다는 것은 우리 몸이 뭔가 다른 일을 하라고 신호를 보내는 거예요. 그래야 심술이 나거나 슬픈 기분이 들지 않으니까요. 그럴 땐 친구들이나 가족들 하고 밖에 나가서 재미있는 일거리를 찾아야 하지요.** 다음번에 심심해지면 코끼리처럼 해 보세요. 음악을 틀어 놓고 몸을 흔들어 보는 거예요. 아니면 원숭이가 돼서 로큰롤을 들어도 좋아요.

우리는 왜
밤에 잠을 자나요?

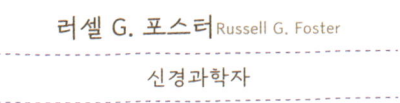

러셀 G. 포스터 Russell G. Foster
신경과학자

우리가 밤에 잠을 자는 것은 몸이 낮에 활동하는 일에 적응했기 때문입니다. 박쥐나 오소리 같은 동물들은 낮에 자고 밤에 일어나 활동을 합니다. 밤에 사냥하는 것이 더 효과적이니까요.

인간들은 빛이 많을 때 잘 보이는 눈을 가지고 있고, 밤에는 잘 보이지 않아서 돌아다니기가 힘들지요. 박쥐나 오소리는 시력이 좋지 않지만, 대신 밤에 소리와 냄새로 길을 찾는 기술을 갖고 있습니다. 하지만 이것으로는 우리의 잠자는 습관이 어떻게 정해졌는지 설명이 다 되지 않지요.

　우리 두뇌는 몸에게 언제 자야 할지를 알려 줍니다. 두뇌 깊숙한 곳에 자리한 약 5만 개의 신경세포로 되어 있는 생체학적 시계가 자명종 같은 역할을 하면서 하루 중 어느 시간에 어떤 일을 해야 하는지, 언제 자고, 언제 깨야 하는지를 몸에게 알려 줍니다. 피곤함을 느끼는 것은 두뇌의 또 다른 부분이 관장하는데, 이곳에서는 우리가 얼마나 오래 깨어 있었는지를 감지합니다. 당연히 오래 깨어 있을수록 더 피곤함을 느끼게 되어 있지요.

　수천 킬로미터를 비행해서 다른 시간대를 가진 지역으로 가면 시차 때문에 잠자는 시간에 영향을 받게 돼요. 호주가 대낮일 때 영국은 밤이고, 영국 사람들이 막 잠자리에 들 시간일 때 미국 캘리포니아에서는 사람들이 이제 일어나기 시작해요. 우리 몸의 생체 시계는 새로운 지역의 시간에 빨리 적응하지 못합니다. 며칠 정도 걸리지요. 영국을 떠나 호주나 캘리포니아에 도착한 사람은 뇌가 새로운 시간대로 서서히 적응하기까지 엉뚱한 시간에 피곤하고 배가 고파집니다. 결국 시차에 적응을 하게 되는 것은 도착한 지역의 빛이 눈으로 들어와 우리 생체 시계를 다시 맞춰 주기 때문이지요.

결론적으로 몸 안의 생체 시계와 피곤한 정도가 잠자는 습관과 시간을 결정한다고 할 수 있지요. 많은 사람이 잠자는 동안에는 뇌가 완전히 꺼져서 작동하지 않는다고 생각하지만, 사실은 그렇지 않습니다. 뇌의 어떤 부분은 깨어 있을 때보다 잠자는 동안 더 활발히 움직이거든요! 뇌는 우리가 자는 동안 낮에 일어났던 일을 기억하고, 새로운 정보를 이해하는 일을 하느라 바삐 움직여야 하기 때문입니다. 오랫동안 고민하던 문제에 대한 해결책을 자고 일어나서 찾는 경우가 많은 것도 이 때문입니다.

자는 동안 두뇌 말고 몸의 나머지 부분도 많은 변화를 겪습니다. 어린이들은 깨어 있을 때보다 잘 때 더 많이 자라고, 몸에 손상이 간 부분도 밤에 회복이 된답니다. 밤에 9시간 이상 푹 자야 낮 동안 뇌가 충분한 활동을 할 수 있습니다.

충분히 자고 일어나면 문제를 해결하는 능력도 좋아지고, 기분도 좋고, 운동도 더 잘 되지요. 심지어 남이 하는 농담도 더 재미있게 느껴질 거예요. 어른들 중에는 밤에 5, 6시간밖에 자지 못해서 잠이 부족한 사람들이 많습니다. 이런 상태로 너무 오래가면 먹은 것이 소화가 잘 안되거나, 심장에 문제가 생기기도 하고, 심하면 우울증에 걸리는 등 건강에 큰 문제가 생길 수 있습니다.

 아주 오랫동안 우리는 잠이 얼마나 중요한지 잘 모르고 있었습니다. 이제는 잠을 자는 동안 몸과 마음에 유익한 일들이 많이 벌어진다는 것을 알게 되었지요. 잠을 자야 건강하고 행복해지는 거예요. 그러니 여러분, 밤에는 충분히 자도록 하세요!

과거로 시간 여행을 하는 것이
가능한 날이 올까요?

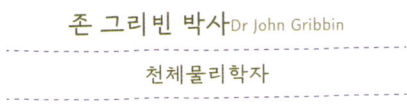

존 그리빈 박사 Dr John Gribbin
천체물리학자

시간 여행은 가능합니다. 하지만 타임머신을 만드는 것이 아주아주 어렵지요. 일단 블랙홀이 2개 정도는 있어야 가능하니까요! 적어도 알베르트 아인슈타인이 일반상대성이론이라는 것으로 설명했던 물리학 법칙, 즉 시간과 공간이 어떻게 작동을 하는지에 관한 법칙에 따르면 그렇습니다.

블랙홀은 공간과 시간에 난 구멍과 같아요. 2개의 블랙홀을 타임터널로 연결하면 한쪽으로 들어가서 다른 쪽 블랙홀로 나오면서 시간을 거슬러 올라가거나, 미래로 갈 수 있을지도 모릅니다. 시간 여행이 가능하다고 말하는 것은 석기시대 사람에게 우주 여행이 가능하다고 말하는 것과 비슷하지요. 우주 여행을 가능하게 하는 장치를 만드는 방법을 알게 되기 전에는 그런 여행을 하는 일이 불가능하기 때문입니다.

어려운 점이 또 있어요. 시간 여행 법칙에 따르면 타임머신을 만들기 전의 시간으로 거슬러 올라가는 것은 불가능합니다. 지하철 노선이 깔려 있지 않은 곳에 지하철을 타고 갈 수 없는 것과 비슷한 원리이지요. 과거로 가도 거기에는 타임머신이 없기 때문입니다. 블랙홀의 '다른 쪽' 출구는 그 타임터널이 만들어진 날에 맞춰져 있을 테니까요.

그러니까 누군가가 내일 타임머신을 만든다면, 그것을 타고 미래의 어느 시점으로든 여행을 했다가 내일로 돌아올 수 있습니다. 하지만 어제로 돌아갈 수는 없지요. 바로 이 때문에 우리가 미래에서 온 시간 여행 관광객들을 볼 수가 없는 겁니다. 이게 바로 아직까지 아무도 타임머신을 만드는 데 성공하지 못했다는 증거이기도 하지요. 적어도 아직까지는요. 오늘 시간 여행을 떠나 과거로 돌아가려면, 누군가가 이미 타임머신을 만드는 데 성공했어야만 하지요.

만일 과거로 돌아가는 타임머신이 있다면 여러분은 어디로 여행하고 싶은가요? 나는 100년쯤 전의 과거로 돌아가서 아인슈타인을 만나고 싶어요. 공간과 시간이 어떻게 작동하는지를 설명한 사람이니까요.

무엇이 '나'를 '나'이게 하나요?

이 질문은 가장 대답하기 어려운 주제 중 하나였어요. 그래서 고생물학자, 인지심리학 교수 그리고 어린이책 작가에게 각각 대답을 구해 보았습니다.

크리스 스트링어 교수 Professor Chris Stringer
고생물학자

어른들은 맛있는 음식을 준비하기 전에 먼저 재료부터 구하지요? 고기, 채소, 양념 등을 준비한 다음, 제이미 올리버 같은 유명한 요리사들이 쓴 책에서 레시피를 참고하기도 합니다.

여러분의 몸을 그 맛있는 음식이라고 생각해 보세요. 음식 재료는 여러분의 몸을 만들고, 몸이 제대로 돌아가도록 하는 모든 화학물질과 작은 세포에 해당합니다.

우리 몸의 모든 재료를 어떻게 준비하고, 어떤 방법으로 요리해야 되는지 알려 주는 레시피는 바로 '유전자 암호'입니다. 아주 작지만 우리 몸을 어떻게 만들지 알려 주는 굉장히 긴 책이지요. 유전자 암호는 엄마 몸속에서 여러분 생명의 시작점이 된 수정란에 들어 있었습니다.

우리가 각자 지닌 유전자 암호(레시피)는 모두 조금씩 다릅니다. 서로 재료도 다르고, 그 재료를 어떻게 준비할지에 대한 지시 사항도 조금씩 다르지요. 서로 다른 카레의 종류가 수없이 많은 것은 엄청나게 다양한 재료를 다른 방법으로 조합을 하고, 조리 방법도 아주 다양하기 때문인 것처럼, 우리를 만든 재료와 레시피가 서로 조금씩 다르기 때문에 수없이 많은 서로 다른 사람이 있는 것입니다.

바로 이 때문에 우리가 우리 자신이 된 것이지요. 여러분이 지금의 체형과 색깔을 갖추게 되고, 이 세상에 아무도 여러분과 똑같은 사람이 없는 이유인 것입니다. 물론 아주 비슷한 유전자 암호를 가지고 만들어진 일란성 쌍둥이는 경우가 좀 다르지만요.

개리 마커스 교수 Professor Gary Marcus
인지심리학자, 작가

나를 나로 만드는 게 뭐냐고요? 생각할 수 있는 건 모두 나를 나이게 만드는 것들입니다. 머리, 팔, 발가락, 심장 그리고 무엇보다도 두뇌.

물론 운이 나쁘게 사고를 당해 발가락 하나를 잃었다 해도 나는 여전히 나입니다. '발가락이 하나 없는 나'인 것이지요. 설령 왼쪽 팔이나 오른쪽 무릎을 잃는다 해도 내가 '나'가 아닌 것은 아닙니다. 잃어버린 팔과 무릎이 아쉽기는 하겠지만요.

그러나 '뇌'는 경우가 다릅니다. 나를 나로 만드는 데 가장 중요한 한 가지를 고르라면 아마도 뇌일 것입니다. 두개골 속에 자리 잡아 우리가 생각하고, 추리하고, 기억하는 것을 돕는 이 1.5킬로그램 정도 되는 회색 물질, 뇌 말입니다.

두뇌가 없다면 아침에 어떻게 잠자리에서 일어나는 줄도 모를 겁니다. 아무 생각도 할 수 없고, 내가 누구인지도 기억할 수 없습니다. 당연히 "무엇이 나를 나이게 하나요?" 같은 질문도 할 수가 없지요.

이 모든 것은 또 다른 질문을 낳습니다. "무엇이 내 두뇌를 내 두뇌이게 하나요?" 하는 질문 말입니다. 백화점에 가서 새 셔츠나 신발을 살 수는 있지만, 우리가 가진 두뇌는 태어날 때부터 가지고 이 세상에 나온 것입니다. 심지어 심장마저도 다른 심장으로 바꿀 수 있지만, 두뇌를 바꾸면 더 이상 나는 내가 아니게 됩니다. 성격이 완전히 바뀔 수도 있지요. 우리가 행복한지 슬픈지, 친절한지 무뚝뚝한지, 활발한지 수줍은지를 결정하는 것은 모두 두뇌가 하는 일이기 때문입니다.

우리가 가진 두뇌가 지금의 두뇌로 만들어지는 과정은 엄마 뱃속에 있을 때부터 시작됐습니다. 세포 한 겹, 일종의 피부 한 꺼풀이 접혀서 튜브 모양이 됩니다. 이 튜브는 점점 부풀어 올라 결국 2개의 반원을 이루지요. 거기서 더 많이 구획이 나뉘어져서 결정을 하는 능력을 가진 전두엽, 귀로 들은 것을 이해하는 능력을 가진 측두엽 등이 만들어집니다.

우리 두뇌의 기본 골격은 대부분 부모님에게서 유전자를 통해 받은 것입니다. 하지만 그다음은 우리 책임입니다. 무엇인가를 새로 배우려고 노력할 때마다 두뇌는 변화를 겪기 때문이지요. 새로운 두뇌를 온라인으로 주문할 수는 없지만, 날마다 새로

운 것을 배우면 두뇌는 계속 좋아집니다.

똑같은 두뇌는 이 세상에 없기 때문에, 같은 생각을 하고 같은 행동을 하는 사람도 이 세상에 없습니다. '나를 나이게 하는 것'은 다른 무엇보다도 바로 두뇌라고 할 수 있겠지요.

마이클 로젠 Michael Rosen
작가, 시인

난 가끔 부모님을 쳐다보면서 생각해요. '저에게 무엇을 주셨나요?' 또 할머니, 할아버지, 삼촌, 숙모, 사촌을 보면서도 '당신들은 나에게 무엇을 주었나요?' 하고 생각합니다. 그리고 내가 다녔던 학교와 클럽 같은 곳에서 나는 무엇을 받았을까요? 내가 가 보고 머물렀던 곳에서는 또 무엇을 받았을까요? 친구들과 내가 사랑한 사람들에게서 나는 또 무엇을 받았을까요? 내가 관람한 연극, 읽은 책, 본 영화, 배우고 되뇌어 온 시 등은 나에게 무엇을 가르쳤을까요? 뉴스를 보면서, 사람들이 그 뉴스에 관해 하는 말들을 들으면서 나는 또 무엇을 얻었을까요?

이게 다일까요? 이 정도면 다 센 걸까요? 아니지요. 누군가

빠졌어요. 뭔가를 빠뜨린 게 분명해요. 바로 나와 내 머리입니다. 위에서 꼽은 모든 것과 모든 사람이 나에게 계속해서 뭔가를 주고, 주고 또 주는 동안 생각하고, 말하고, 쓰면서 그것들을 받아들인 것은 바로 나니까요. 맷돌, 강판, 밥솥 같은 것들이 재료를 처리해서 음식을 만드는 것처럼, 그 모든 정보를 소화해 낸 것이 바로 나라는 이야기지요. 그 처리된 정보가 또 나를 만들어 낸 일부입니다.

  하지만 그것도 다가 아니에요. 농담이냐고요? 아니에요. 정보를 처리한 맷돌, 강판, 밥솥 같은 것은 내가 만든 것이 아니기 때문이지요. 정보를 섞고 갈고 닦아 익힌 것은 내 머리이지만, 그 머리는 내가 만든 것이 아니라는 뜻이에요! 물론 머리를 만드는 데 나도 일부 힘을 보탰지요. 맞아요, 모든 사람과 사물이 내게 정보를 주는 동안 그것을 받아들인 것은 나니까요.

  우리가 스스로 자신을 만드는 동안, 다른 사람들도 우리를 만듭니다. 그리고 다른 사람들이 우리를 만드는 동안 우리도 스스로 자신을 만듭니다.

소가 1년 내내 방귀를 뀌지 않고 모았다가 한 번에 크게 터뜨리면 우주로 날아갈 수 있나요?

메리 로치 Mary Roach
과학 작가

소들이 엄청나게 가스를 많이 만들어 내는 것은 사실이에요. 그중에서도 메탄가스가 대부분이지요. 메탄가스는 소의 커다란 반추위(기린, 사슴, 소 등을 포함한 반추동물의 위를 통틀어 이르는 말)에서 박테리아들이 풀을 분해할 때 생깁니다.

하지만 이거 알아요? 반추위에서 나오는 가스는 다른 동물의 위에서 나오는 대부분의 다른 가스와 마찬가지로 방귀로 나오지 않습니다. 우리가 탄산음료나 맥주를 마시면 거기 들어 있던 가스는 방귀가 아닌 트림으로 나오지요. 방귀는 저 아래쪽 장에서 만들어집니다. 그런데 소의 장은 상대적으로 소화를 시키는 양이 적어요.

재미있는 사실이 하나 더 있어요. 소들은 방귀만 뀌지 않는 게 아니라 트림도 하지 않아요. 파자마 파티에 초대해 봤자 재미라고는 하나도 없을 녀석들이지요. 소를 비롯한 반추동물들은 메탄가스를 그냥 숨으로 내쉬는 재주가 있어요. 내 친구 중에 '소 방귀, 트림 전문가' 에드워드 드피터스라는 사람이 있어요. 캘리포니아주립대학 데이비스캠퍼스 교수인 에드에게서 자세한 설명을 좀 들어 볼까요?

소나 사슴은 속이 더부룩하고, 반추위에 가스가 차는 것 같으면 메탄가스를 내뱉습니다. 하지만 위에서 나오는 가스를 바로 트림으로 내뱉으면 소리가 크게 나서 천적에게 숨은 곳을 들킬 염려가 있겠지요? 그래서 반추동물들은 가스를 폐로 보내 조용히 숨으로 내쉽니다. 재주가 좋지요?

하지만 이런 자세한 설명은 잠시 접어 둡시다. 1년 내내 소가 내쉬는 메탄가스를 모아 볼까요? 소 1마리가 1년에 약 85킬로그램의 메탄가스를 내쉽니다. 참고로 메탄가스는 가연성이 좋은 기체입니다. 불이 잘 붙는다는 뜻이지요. 모든 게 들어맞

는군요. 소가 만들어 내는 메탄가스를 모두 압축 탱크에 보관했다가, 우리의 용감한 소를 우주로 쏘아 올릴 개인용 로켓 연료로 쓰면 되겠네요!

이 연료로 소가 얼마나 높이 날아갈 수 있을지 알아내기 위해, 진짜 로켓 과학자 레이 아론스에게 물었습니다. 레이는 아폴로 달 착륙선의 엔진을 시험한 사람입니다. 우주인들이 달 표면에 착륙할 때 타고 간, 거미처럼 생긴 우주선을 알고 있지요? 레이가 그러는데, 이 역사적인 달 착륙선은 미국 뉴욕주의 롱아일랜드에 있는 한 식당에서 냅킨에 슥슥 그린 디자인을 바탕으로 만들어진 것이라고 해요.

레이는 우주로 향할 소가 등에 짊어질 로켓으로 안정감 있는 분사구 2개짜리 엔진을 추천했습니다. 그리고 초경량, 유선형, 하이테크 비행복을 입히면 공기 저항도 줄이고, 비행 전 기자회견 때 멋져 보이겠다는 결론을 내렸습니다. 그런 다음 로켓 과학자들이 하는 복잡한 계산에 돌입했지요.

그의 계산에 따르면 85킬로그램의 메탄으로 33초간 907킬로그램의 추진력을 낼 수 있다고 합니다. 이 정도면 공기저항을 최대한으로 줄인 680킬로그램짜리 소를 5킬로미터 정도

공중으로 쏘아 올릴 수 있다는 계산이 나옵니다. 우주는 지구 상공 약 32킬로미터 정도에서 시작하니까, 결국 대답은 "아니오!"가 되겠네요. 하지만 레이는 정말 좋은 질문이라고 신나 했습니다. "이 메탄 엔진, 정말 멋진 아이디어인데요!"

현실에서 느껴보지 않은 것을 꿈에서 느낄 수도 있나요?

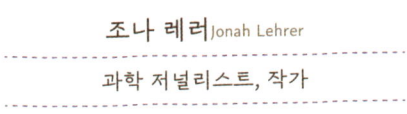

조나 레러 Jonah Lehrer
과학 저널리스트, 작가

물론이죠! 현실에서는 한 번도 느껴보지 않은 것을 꿈에서는 느낄 수 있어요. 사실 그게 우리가 꿈을 꾸는 가장 중요한 이유 중의 하나예요. 잠이 들면 우리 뇌는 아주 장난꾸러기 이야기꾼이 되어서 온갖 괴상한 가능성과 상황을 만들어 내요. 말을 아주 잘하는 개나, 거실에 폭포가 흐르는 장면이 등장하는 것쯤은 아무것도 아니지요(둘 다 최근 내 꿈에 나온 것들이랍니다).

뇌는 이미 일어난 일에 대해 별로 생각하고 싶어 하지 않아요. 그런 건 지루하니까요. 대신 새로운 이야기를 만들어 내고,

한 번도 가져보지 않은 느낌과, 만나 본 적 없는 사람과, 일어나지 않은 사건을 상상하곤 하지요. 밤 동안 지루하지는 않겠지요?

우리 몸은 왜 이런 일을 할까요? 왜 이상한 것들에 관한 꿈을 꾸는 데 그렇게 많은 시간을 쓸까요? 아무도 정확히는 모르지만, **꿈 덕분에 우리가 더 창의적이 될 수 있다고 생각하는 과학자들이 많답니다. 어떨 때는 밤에 머리에 떠올랐던 괴상한 생각들이 아주 쓸모 있을 때도 있어요. 잠에서 깨어난 후에 지금까지 오랫동안 고민했던 문제의 답을 꿈에서 찾았다는 사실을 깨달을 때도 있으니까요.** 내가 제일 좋아하는 노래 중 하나인 영국 록밴드 롤링스톤스의 〈나는 만족을 얻을 수 없어(I Can't Get No) Satisfaction〉도 대부분 꿈을 꾸는 동안 완성됐습니다. 롤링스톤스에서 기타를 담당했던 키스 리처드가 잠을 자는 동안 이 유명한 멜로디를 들었다고 말했거든요.

그러니 꿈이 말도 안 되는 것처럼 느껴질 때가 많지만 (예를 들어 말하는 개가 나오는 꿈처럼), 우리를 괴롭히는 매우 어려운 문제를 해결하는 데 도움을 주는 아주 중요한 꿈일 수도 있답니다.

바닷물은 왜 짠가요?

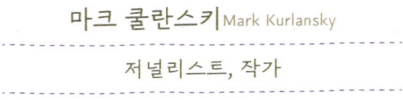

마크 쿨란스키 | Mark Kurlansky
저널리스트, 작가

   사람들은 항상 왜 바닷물이 짤까 하고 궁금해했습니다. 그 속에 든 소금은 어디에서 오는 것일까요? 바다 밑 땅에서 오는 것일까요? 그렇다면 바다 바닥은 강이나 호수의 바닥보다 훨씬 더 짠걸까요?

   이 수수께끼를 풀 수 있는 첫 번째 힌트는 강물과 호수의 물도 짜다는 사실입니다. 우리가 강물이나 호수 물이 짜지 않다고 느끼는 것은 바닷물에 비해서 훨씬 덜 짜기 때문입니다.

   약간 짠맛을 지닌 세상의 모든 강물이 바다로 흘러들어 그

속에 소금을 남긴 것이 바닷물이 짠 첫 번째 이유입니다. 빗물에 녹은 지구 표면의 소금이 모두 바다로 흘러들어 농축된 것이지요. 거기에 대양저라고 부르는 바다 밑 땅에서 나오는 소금이 보태집니다. 강바닥에서도 소금기가 올라오지만 바다는 훨씬 넓은 땅을 덮고 있지요.

여기까지 듣고 나면 왜 바다는 점점 더 짜지지 않을까 궁금해지지요? 그것은 소금이 바다로 계속 들어오지만, 소금기가 거의 없는 물도 바다로 계속 들어오기 때문입니다. 빗물, 강 하구, 빙하 녹은 물 등 말이에요. 강 하구나 빙하가 녹는 곳 주변의 바닷물은 소금기가 덜하지요. 반면 강 하구에서 아주 먼 곳이나, 높은 온도로 물이 더 많이 증발하는 부분의 바다는 다른 곳보다 더 짭니다. 바닷물을 햇빛에 말려서 물을 증발시키면 소금만 남는 것과 같은 원리로, 더운 적도 주변 지역의 바다는 훨씬 짭니다.

이외에도 바다를 부분적으로 다른 곳보다 더 짜게 만드는 요인들이 있습니다. 20세기 말, 과학자들은 바닷물이 대양저의 틈을 타고 땅 밑으로 들어가 온도가 올라가는 곳이 여러 군데 있다는 것을 알아냈습니다. 이렇게 대양저 밑에 갇혀서 데워진 물에서는 소금이 농축이 되어 소금기가 진해진 뒤, 다시 바다로 올라옵니다. 이와 비슷한 현상이 바다 밑에서 화산이 터질 때도 일어납니다. 용암의 열로 바닷물이 데워져 물은 일부 사라지고, 소금기가 진해지지요.

지구에서는 비가 강으로, 강물이 바다로, 바닷물이 증발해서 새로운 비를 만들고, 그 비가 내리면 다시 강물이 되어 바다로 흐릅니다.

이스라엘과 요르단 국경 사이에 있는 사해의 물은 일반적인 바닷물보다 10배나 짜요. 사해가 있는 곳은 섭씨 43도까지 올라가는 뜨거운 태양이 내리쬐서 물이 많이 증발하는데, 호수로 들어오는 강물은 요르단 강물뿐이거든요. 그 물만으로는 햇빛에 덥혀져서 농축되는 소금물의 농도를 희석할 수가 없습니다. 결국 사해는 말라붙은 소금 바다가 될 것입니다. 다른 바다가 사해처럼 되지 않는 것은 강물과 얼음 녹은 물 그리고 빗물이 계속 충분히 흘러들어 가기 때문이지요.

과학자들은 바닷물의 짠 정도가 수억만 년 동안 비슷했을 것이라고 확신해 왔습니다. 그런데 최근 새로운 논란이 시작됐죠. 기후 변화로 극지방의 얼음이 너무 많이 녹으면 바닷물이 지금보다 덜 짜지고, 그러면 생태계가 변화하는 것이 아닐까 하는 걱정 때문입니다. 아마 이 문제는 다음 세기에 가서나 결론을 내릴 수 있을 듯합니다.

미켈란젤로는 왜 그렇게 유명해졌나요?

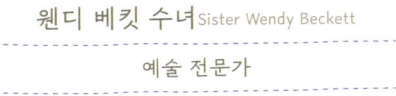

웬디 베킷 수녀 Sister Wendy Beckett
예술 전문가

어떤 사람들은 몇 년 동안 유명하고, 어떤 사람들은 평생 유명하고, 어떤 사람들은 죽은 다음에 유명하지요. 그리고 아주 아주 적은 수의 어떤 사람들은 영원히 유명합니다. 미켈란젤로는 이 아주아주 적은 수의 사람 중 하나예요. 그는 살아 있는 동안에도 유명했고, 우리 시대에도 유명하고, 여러분 손주의 손주 시대에도 유명할 겁니다.

하지만 여러분은 '왜'가 궁금하지요? 미켈란젤로는 왜 그렇게 유명할까요? 너무나도 멋진 그림들을 남겼기 때문입니다.

특히 로마의 시스티나성당이라는 굉장히 중요한 교회의 천장에 남긴 환상적인 이야기 그림들이 대표적이지요.

미켈란젤로는 훌륭한 조각품들도 만들었습니다. 제일 잘 알려진 것은 성경에 나오는 영웅들인 다윗상과 모세상입니다. 그보다 더 아름다운 것은 성모 마리아가 죽은 아들 예수를 안고 슬퍼하는 피에타라는 조각상이지요.

사람들은 이 예술품들을 보고 경외감을 느낍니다. 어떨 때는 너무 기뻐 눈물이 샘솟기도 하지요. 우리 인간이 이토록 경이로운 것을 이루어 낼 수 있다는 사실을 접하고 감격에 겨워서이겠지요. 우리 주변에서는 수없이 나쁜 일들이 일어나지만, 이렇게 완벽하게 아름답고 좋은 것도 있답니다.

하지만 그렇게 위대한 것을 접한다 해도 곧바로 감동을 느끼지 못할 수도 있어요. 미켈란젤로가 이루어 낸 것을 진정으로 바라보는 것은, 전구의 스위치를 켜는 것처럼 바로 벌어지지 않거든요. 그런 것을 감상할 수 있는 마음과 눈을 키워야 하지요. 사실 어른들이라고 다 그런 능력을 가지고 있는 것은 아닙니다. 몸은 자랐지만 마음은 아직 작은 경우가 있거든요. 아마도 예술에 대해 그리고 예술이 우리에게 무엇을 주는지에 대해 이야기해 주는 사람이 아무도 없었기 때문일 겁니다.

여러분은 운이 좋네요. 이 글을 읽으면서부터 예술에 대해 배우는 것을 시작했으니까요. 미켈란젤로처럼 위대한 예술가의 작품들을 볼 가치가 있다는 것을 이미 알게 됐으니까요. 이런 작품들을 보고 또 보고 그리고 계속 보다 보면 어느 날엔가는 그 작품의 진정한 가치를 '볼' 수 있을 거예요. 시스티나성당의 천장화나 피에타 혹은 다윗상을 보고 그 가치를 느끼는 날은 여러분 인생에서 가장 기억에 남을 날 중의 하나가 될 겁니다. 내 말을 믿어도 좋아요.

어떻게 사랑에
빠지게 되나요?

사랑에 빠지는 방식은 사람마다 제각각입니다. 그래서 이 문제에 관해 생각을 많이 한 3명의 어른들을 초대했어요. 사랑 이야기를 많이 쓴 작가 2분, 우리 뇌에서 무슨 일이 벌어지는지 연구한 과학자 1분의 답을 실었습니다.

재닛 윈터슨 Jeanette Winterson
작가

사랑에 빠지는 건 구멍에 빠지는 것과는 달라요. 사랑에 빠지는 건 마치 우주 공간으로 빠져드는 듯한 느낌입니다. 내가 사는 나만의 별에서 뛰어내려 다른 사람의 별을 방문하는 셈이지요. 그렇게 도착한 새 별은 모든 것이 달라 보일 거예요. 꽃도, 동물도, 사람들이 입은 옷 색깔도 모두. 사랑에 빠지는 건 큰 충격이기도 합니다. 그 전까지는 내가 사는 별에 내가 필요한 것은 모두 있다고 생각했었고, 그게 틀린 판단이 아니었기 때문이지요.

그런데 우주 공간 저 너머에서 누군가 나에게 오라고 손짓을 하고, 거기로 가려면 훌쩍 몸을 던지는 수밖에 없어요. 몸을 던져 다른 별의 궤도에 들어가고, 얼마간 시간이 흐른 다음에는 2개의 별을 합치고, 그것을 '가정'이라고 부르기로 결정할지도 모르지요. 거기에는 기르던 개랑 고양이 혹은 금붕어, 햄스터도 가져갈 수 있고, 돌을 모아 놓은 것, 짝 안 맞는 양말도 모두 가져갈 수 있지요(지금까지 행방불명된 양말 짝들이 새 별에 있을지도 모르니까). 친구들도 놀러오라고 할 수 있어요. 그리고 제일 좋아하는 책들을 서로 읽어 줄 수도 있지요. **어딘가로 떨어지는 줄 알았지만, 지나 보니 떨어져 살기 싫은 사람하고 같이 있기 위해 멀리 된 것일 뿐이었어요. 그 이상도, 이하도 아니었어요.**

추신. 먼저 용기를 내야 돼요!

데이비드 니컬스 David Nicholls
작가

　원한다고 사랑에 빠질 수 있는 건 아니에요. 굳은 결심을 한다 해서 키가 크거나, 팔꿈치에 입을 맞출 수 없는 것과 마찬가지지요. 한번 해 보세요. 이제 알겠죠? 문제는 바로 여기 있는 거예요. 사랑을 마음대로 조종할 수만 있었다면 상심, 슬픔, 재앙, 심지어 전쟁까지도 방지할 수 있었을 테니까요.

　줄리엣은 로미오를 못 본 척하고 노력해서 파리스를 사랑할 수도 있었을 것이고, 헨리 8세와 앤 불린도 행복하게 오래오래 살았을 수 있었겠지요. 내가 제일 좋아하는 책 중 하나인《광란의 무리를 떠나서 Far from the madding crowd》에선 주인공 밧세바 에버딘이 가브리엘 오크에게 결혼할 수 없다고 말하는 장면이 나옵니다. 사랑하지 않기 때문이라고 말하는 밧세바에게 가브리엘은 이렇게 말하지요. "하지만 나는 당신을 사랑해요. 나는, 나는 그냥 당신이 좋아해 주는 것으로 만족해요." 말이 되는 것 같죠? 하지만 좋아하는 것과 사랑하는 것은 전혀 다른 거예요. 결국 좋아하는 것만으로는 충분치 않지요. 누구나 다른 사람이 좋아하는 사람이 될 수는 있어요. 하지만 사랑을 하고, 상대의 사랑을 받는 것은 어려운 일이지요.

그렇다면 좋아하는 것과 사랑하는 것은 어떻게 다를까요? 나는 그것이 감기와 독감의 차이라고 생각할 때가 많아요. 감기는 흔하지만, 독감은 훨씬 더 심각한 질병이지요. 어떤 사람들은 감기에 걸리고도 자기가 독감에 걸렸다고 착각하기도 합니다. 그리고 어떤 사람들은 자기가 감기에 걸린 것을 알고도 독감에 걸린 것처럼 과장하지요.

이를테면 나는 족히 20년 정도를 계속 독감에 걸린 것처럼 살았었어요. 계속 독감, 독감, 독감 이야기만 했었지요. 어떨 때는 동시에 3, 4명의 사람과 각각 독감에 걸려 있기도 했지요. 돌아보니, 그냥 감기를 무척 심하게 앓았던 것일 뿐이었어요.

여러분도 앞 문단의 마지막 문장을 읽으면서 이 비교가 별로 말이 되지 않는다는 것을 눈치챘겠지요? 내가 하고 싶은 말은 결국 사랑에 빠지는 것을 마음대로 조종할 수는 없지만, 그렇다고 너무 걱정할 문제도 아니라는 것입니다. 어떤 일은 우리가 원하든, 원치 않든 일어나게 되어 있어요. "머리는 하얗게 세기 마련, 이는 빠지기 마련 그리고 우리는 사랑에 빠지기 마련"이라는 말이 있지요(이가 빠지기 전에 사랑에 먼저 빠지는 게 좋겠지만요). 사랑에 빠지게 되어도 당황하지 마세요. 침착하게, 너무 걱정하지 말고 상대방도 똑같은 감정을 가지고 있기를 바라세요. 상대방도 함께 사랑에 빠졌다면, 진심으로 축하해요! 이 사랑이 계속되는 동안 멋진 시간을 가질 수 있을 거예요. 하지만 상대방은 사랑에 빠지지 않았다면…… 진짜 문제가 시작되는 것이지요. 애석하군요.

로빈 던바 교수 Professor Robin Dunbar
진화심리학자

사랑에 빠질 때 일어나는 일을 설명하는 건 아마도 세상에서 가장 힘든 일 중 하나일 겁니다. 이건 생각하지 않고 벌어지는 일이니까요. 사실 너무 생각을 많이 하면 일이 마구 꼬여서 문제가 생기는 일이 허다하지요.

이것은 우리가 사랑에 빠지면 두뇌의 오른쪽이 굉장히 바빠지기 때문이에요. 뇌의 오른쪽은 감정을 느끼는데 특히 중요한 부분입니다. 반면 언어는 두뇌의 왼쪽에서만 관여를 하지요.

바로 이 때문에 우리 감정과 느낌을 말로 표현하는 것이 그렇게 어려운 겁니다. 뇌의 왼쪽에 있는 언어 영역이 감정을 담당하는 오른쪽으로 메시지를 잘 보내지 못하거든요. 그래서 감정을 잘 표현하지 못하고 말문이 막히곤 한답니다.

하지만 과학의 힘을 빌리면 우리가 사랑에 빠질 때 어떤 일이 벌어지는지 약간은 설명할 수 있습니다. 먼저 사랑은 우리 감정에 굉장히 큰 변화를 일으키지요. 어쩐지 어질어질한 느낌이 들고, 감정 기복이 심해집니다. 행복하면서 동시에 행복에 겨워 우는 일도 빈번해지지요. 갑자기 많은 일들이 전혀 중요하지 않게 느껴지고, 오직 사랑에 빠진 그 사람과 가까이 있는 일에만 온 정신을 집중하게 됩니다.

요즘은 사람들의 뇌가 어떻게 움직이는지 관찰할 수 있게 해 주는 기계가 있습니다. 뇌가 하는 일에 따라, 연결된 스크린 속 뇌의 서로 다른 부분에 불이 들어오는 것이 보입니다. 사랑에 빠진 사람의 뇌는 감정을 관장하는 부분이 굉장히 활발히 움직이면서 그 부분에 연결된 곳에 불이 켜집니다. 하지만 이성적인 생각을 관장하는 부분은 보통 때보다 훨씬 활동량이 적어집니다. 말하자면 "그런 미친 짓은 하지 말아!" 하고 말하는 부분의 스위치는 꺼지고, "야, 그거 좋겠는데"라고 말하는 부분의 스위치가 켜지는 것이지요.

　이런 일이 왜 일어나는 것일까요? 사랑을 하면 우리 뇌에서 특정 화학물질이 나오기 때문입니다. 그중 하나는 도파민이라는 화학물질인데 흥분감을 느끼게 하지요. 또 다른 하나는 옥시토신으로 사랑하는 사람과 함께 있을 때 약간 어질어질하고 아늑한 느낌이 들도록 하는 화학물질이라고 알려져 있습니다. 이 물질들이 많이 나오면, 거기에 특히 민감한 반응을 하는 뇌의 영역으로 찾아가서 활동을 하지요.

　하지만 이 설명도 왜 우리가 특별한 한 사람과 사랑에 빠지는지는 설명해 주지 못해요. 이 부분은 아직까지 수수께끼로 남아 있어요. 우리가 왜 어떤 한 사람을 선택하는가를 완전히 설명할 수가 없거든요. 사랑에 빠진 사람은 그 상대가 완벽하다고 자기 자신을 속일 수가 있어요. 물론 완벽한 사람은 아무도 없지요. 하지만 상대가 완벽하다고 생각할수록 사랑도 더 오래갑니다.

내 위를 풀어서 늘어뜨리면
얼마나 길까요?

마이클 모슬리 박사 Dr Michael Mosley
의사, 과학 전문 방송인

위는 풀어서 늘어뜨릴 수가 없습니다. 그냥 주머니처럼 생겼으니까요. 하지만 장은 늘어뜨릴 수 있지요!

장에 대해서 이야기해보겠습니다. 소장, 대장이라고도 부르는 이 장은 위 바로 밑에서 시작해서 항문까지 뻗어 있습니다. 별로 먼 거리가 아닌 것처럼 들리지만 어른의 장은 8.5미터나 되고, 어린이의 장은 그보다 조금 짧습니다. 뱃속을 들여다보면 장이 직선으로 뻗은 것이 아니라, 가늘고 엄청나게 긴 뱀처럼 빙빙 돌면서 들어 있다는 것을 알 수 있을 거예요.

보통 우리는 입으로 음식을 삼킨 다음, 그 음식에 대해 완전히 잊어 버리고 말지요. 하지만 음식은 그때부터 길고 복잡한 여행을 시작합니다. 제일 첫 부분은 가장 짧은 구간이기도 한데, 바로 식도입니다. 약 25센티미터 정도 되고, 굉장히 힘이 센 근육으로 둘러싸여 있어서 음식을 위장으로 내려 보냅니다. 이 근육들은 힘이 아주 세서 물구나무서기를 하고 무엇을 먹어도 음식을 위로 올려 보낼 수 있습니다. 실험을 해 봐도 좋겠지만, 그다지 즐거운 경험은 아닐 거예요.

　위에 도착한 음식은 위가 주물럭거려서 부숩니다. 세탁기에 들어간 빨래처럼요. 위에 든 액체, 즉 위액은 자동차 배터리에 든 산만큼 강해서 음식과 함께 들어온 박테리아를 죽이는 역할을 합니다. 위 자체는 상당히 작아요. 완전히 비어 있는 위는 주먹만 하고, 음식이 들어오면 중간 크기의 풍선 정도로 불어납니다.

　위에서 잘게 부서진 음식은 조금씩 조금씩 소장으로 밀려 내려가서 흡수되기 시작합니다. 소장은 7미터 정도 되는데, 평균적으로 남성보다 여성의 소장이 약간 더 길어요. 안에는 미세 융모라고 부르는 짧은 털로 가득 차 있답니다. 표면적을 늘려 음식을 더 많이 흡수할 수 있도록 하기 위해서예요. 실제 한 사람의 소장만으로 테니스 코트를 덮을 수 있을 만큼 그 표면적이 아주 넓습니다.

소장을 지나가면서 흡수가 되고 남은 음식은 대장으로 갑니다. 이곳에서 물이 흡수가 되고, 박테리아가 아직 분해되지 않은 음식을 마저 분해하지요. 대장은 소장에 비해 훨씬 짧아 1.5미터 정도 됩니다. 소장처럼 뉴런이라고 부르는 세포 그물이 안을 감싸고 있습니다. 뉴런은 뇌에도 있는 세포입니다. 놀랍게도, 우리 장에 있는 뇌세포의 개수는 고양이 뇌에 있는 뇌세포의 개수와 맞먹는다고 해요. 대장에 뉴런이 있는 것은 지금까지 살펴봤듯이 음식을 소화하는 일이 아주 복잡한 과정이기 때문이지요.

음식에서 유용한 영양분을 모두 흡수한 다음, 남은 찌꺼기와 박테리아는 화장실에 갔을 때 몸 밖으로 배출됩니다. 여기서 음식의 길고 긴 여행이 끝나는 것이지요.

왜 항상 형제자매와
싸우게 될까요?

타냐 바이런 교수 Professor Tanya Byron
임상심리학자

형제자매들끼리 싸우는 건 드문 일이 아니지요. 나도 어렸을 때 언니와 퍽 많이 싸웠어요. 우리는 가장 가까운 사람 하고 잘 싸우는 경향이 있어요. 어쩌면 그렇게 싸우고, 심한 소리를 해도 상대방이 나를 계속 사랑할 것이라는 걸 믿고 그럴지도 모르지요.

같은 공간에서 살면서 항상 옆에 있다 보면 어떤 일을 하는 방법이나, 무엇을 함께 쓰고 나눠 갖는 방법에 대해 의견 차이가 생길 수 있습니다. 같이 살지 않는 친구들 하고는 이런 문제가 생기지 않지요.

　화가 나거나 의견이 다를 때, 우선 싸우는 방법은 일을 잘 해결하는 길이 아니지요. 문제가 해결되기는커녕 심술궂은 말과 행동이 오가게 되면서 상황이 더 나빠질 수 있거든요. 그리고 형제자매끼리 자꾸 싸우면 다른 식구들에게 스트레스와 불행감을 주고, 결국 부모님과도 크게 다투게 돼서 가족 모두 기분이 나빠질 수도 있지요. 가족들과 함께 살면서 우리는 사랑하는 사람들과 관계를 맺는 법뿐 아니라, 화나고 의견 충돌이 있는 상황을 해결하는 법 등 살아가는 데 필요한 굉장히 중요한 기술을 배웁니다.

　예를 들어 언니랑 싸웠다고 부모님에게 혼이 나고 나면, 애당초 내가 왜 화가 났는지 부모님이 이해를 못해 주는 것 같아 부모님에게까지 화가 나기도 하지요? 아마도 부모님이 화가 난 것은 여러분이 화를 냈다는 사실 자체보다 표현 방식 때문일 수도 있어요. 싸운 것 때문에 부모님이 여러분과 언니를 혼내는 것은 그렇게 싸우는 것이 문제를 해결하는 좋은 방법이 아니라는 것을 가르치기 위해서일 것입니다.

　상대방에게 욕이나 심한 말을 한다든지, 때린다든지 하는 것은 파괴적인 방식으로 분노를 표현하는 것입니다. 어린아이들이 화가 나고 답답할 때 소리를 치거나, 뭔가를 때리는 것은 자신의 기분을 어떻게 표현해야 할지 아직 배우지 못해서입니다. 하지만 나이가 들면서 우리는 의견이 다를 때 공격적인 말이나 행동보다는 차분히 자신의 이야기를 해서 해결책을 찾을 수 있고, 주변 사람들도 그렇게 행동하기를 기대하게 됩니다.

형제자매에게 화가 나면 폭발하기 전에 그 자리를 잠깐 피하세요. 마음이 가라앉을 때까지 조금 기다린 다음, 왜 그렇게 화가 났는지를 생각해 보는 거예요. 마음이 차분히 가라앉고 나서 보니, 문제가 생각했던 것보다 그렇게 심각하지 않아서 그냥 무시하고 다시 사이좋게 지낼 수도 있겠다는 느낌이 들 수도 있어요. 사실 싸울 가치도 없는 사소한 문제였던 것이지요!

하지만 너무 화가 나거나 마음이 상했으면 상대방에게 이야기하는 것이 좋아요. 이야기하기 어렵거나, 상대방이 듣지 않으려고 하면 부모님이나 믿을 수 있는 어른에게 도와 달라고 부탁할 수도 있습니다.

다만 나이가 들어 보니, 이제 형제나 자매가 얼마나 중요한 '친구'인지를 알게 됐어요. 같이 자랐기 때문에 누구보다도 서로를 가장 잘 이해할 수 있거든요. 친구는 한때 친했다가 멀어질 수도 있지만 가족은 평생 같이한다는 사실을 잊지 마세요!

무지개는 무엇으로 만들어졌나요?

앤서니 우드워드, 롭 펜
작가

　빨, 주, 노, 초, 파, 남, 보…… 무지개는 빛으로 만들어졌습니다. 햇빛이 하늘에 떠 있는 빗방울을 통과하면 흰빛이 흩어지면서 빨강, 주황, 노랑, 초록, 파랑, 남색, 보라색으로 된 띠처럼 보이게 됩니다. 빛은 빗방울로 들어가면서 방향이 바뀌고, 서로 다른 색으로 나뉩니다. 그렇게 나뉜 빛이 빗방울 안쪽에서 뒷면으로 반사되고, 다시 빗방울 밖으로 나올 때 또 한 번 여러 색으로 나뉩니다.

　무지개가 뜨려면 햇빛이 비치는 동시에 비가 와야 하지요.

그럴 때에도 무지개는 해와 비 사이에 있는 사람에게만 보입니다. **무지개가 뜨는 곳에 가는 것은 불가능합니다.** 다들 거기에 금단지가 묻혀 있다고들 하는데 참 애석한 일이지요. 비록 우리 눈에는 무지개가 보이지만, 실제로는 빛이 물방울을 통과해서 하늘에 비친 것일 뿐이니까요. 실제로 거기에 뭔가가 있는 것은 아닙니다. 다음에 무지개가 뜨면 무지개 쪽으로 가까이 가 보려고 해 보세요. 무지개는 계속 멀어지기만 할 거예요.

무지개에 대해서 처음으로 완전히 설명할 수 있었던 사람은 300여 년 전에 살았던 아이작 뉴턴이라는 똑똑한 과학자였습니다. 그 전까지 수만 년 동안 사람들은 무지개에 대해 정말 어처구니없는 이야기들을 믿고 살았었지요. 어떤 사람은 무지개가 땅과 하늘을 잇는 통로라고 하기도 하고, 어떤 사람들은 태양신의 벨트라고 하기도 하고, 어떤 사람들은 그것이 진짜 신이 하늘에 나타난 것이라고 믿기도 했습니다. 모든 사람이 동의했던 한 가지는 무지개가 아름답다는 사실이었죠.

달은 왜
빛나나요?

헤더 쿠퍼 박사 Dr Heather Couper

천문학자

　달은 우주에서 우리와 가장 가까운 동반자입니다. 정말 놀라운 곳이에요. 지구 크기의 4분의 1인 달은 아주 가까워서 약 38만 5000킬로미터 정도밖에 떨어져 있지 않아요. 천문학에서 이 정도는 아주 작은 숫자입니다. 우주선을 타고 4일 만에 도착할 수 있는 거리거든요.

　달이 빛나는 것은 우리의 별인 태양 빛을 반사하기 때문이에요. 그리고 지구의 주변을 한 달에 1번씩 돌기 때문에 궤도의 어느 부분에 있느냐에 따라 서로 다른 부분에 태양 빛이 비치는 것을 보게 됩니다.

음력으로 매달 초에는 달이 해와 일직선에 있기 때문에 태양빛은 지구에서 보이지 않는 달의 뒷부분을 비추고 있어, 우리에게는 달이 전혀 보이지 않습니다. 하지만 달이 움직여 태양빛이 달의 가장자리를 비추면 초승달을 볼 수 있게 되지요.

이때가 쌍안경이나 작은 망원경으로라도 달을 관찰하기에 제일 좋은 시기입니다. 달 표면에 그림자가 아주 짙고 길게 생기기 때문에 달의 인상적인 특징이 잘 보이니까요. 달의 표면은 태양계가 생길 무렵에 쏟아진 유성들이 남긴 커다란 분화구로 뒤덮여 있습니다. 달에는 표면을 깎을 만한 대기권이 거의 없기 때문에 이런 상처들이 하나도 흐트러지지 않고 거의 그대로 보존되어 있습니다.

달이 가장 환하게 빛나는 때는 바로 보름달로 보이는 순간이지요. 지구를 중심으로 해서 달이 태양의 정 반대편에 자리를 잡은 때입니다. 망원경으로 관찰하기에 좋은 시기는 아니지만, 망원경 없이 그냥 달의 표면에 그려진 무늬를 관찰해 보세요. 한국에서는 "절구질하는 토끼"라고도 하고, 영국에서는 "달사람의 얼굴"이라고도 해요. 달의 '눈', '코', '입' 등을 볼 수 있을

겁니다. 이 무늬들은 38억 년 전 달에 폭풍처럼 쏟아진 소행성들이 남긴 자국으로, 어둡고 용암이 가득한 상처들입니다.

1년에 1, 2번 정도, 아주 극적인 사건이 벌어지곤 합니다. 보름달이 될 무렵, 어떨 때는 달이 지구의 그림자 안으로 들어갈 때가 있어요. 아주 밝은 보름달이 잠시 동안 초승달이 되기도 하고 완전히 없어지기도 하지요. 월식이라고 부르는 현상이랍니다. 실제로 보면 참 신비하고 으스스한 광경이랍니다.

달 표면의 색이 좀 더 밝은 색이어서 빛을 더 잘 반사했더라면 지금보다 훨씬 밝게 빛날 수도 있었을 것이라고 해요. 놀랍지요? 1960년대 말과 1970년대 초에 달에 착륙을 했던 아폴로 우주선의 우주인들은 달의 바위들이 얼마나 어두운 색을 띠고 있는지를 보고 놀랐다고 합니다.

달에 인류 최초로 발을 디딘 닐 암스트롱은 달의 색깔을 '플릭츠flicts'라고 적었습니다. 만들어 낸 색깔 이름이냐고요? 맞아요! 닐 암스트롱이 좋아했던 어떤 작가가 아주 짙은 진흙 같은 갈색을 (더불어 적당히 표현할 이름이 없는 색을) 플릭츠라고 부른 적이 있었는데, 닐 암스트롱은 그것이 달의 색에 딱 맞는 표현이라고 생각했던 거지요.

바다는 어떻게 만들어졌나요?

가브리엘 워커 박사 Dr Gabrielle Walker
과학 저널리스트, 방송인

우주에서 지구를 바라보면 아주 아름다운 파란색이 보입니다. 이 색깔은 대부분 바다 때문에 그렇게 보이는 것이지요. 사실 지구에는 땅보다 바다의 면적이 더 넓으니, 우리는 물이 굉장히 많은 세상에서 살고 있는 셈입니다.

그렇다면 이 물은 다 어디에서 온 것일까요? 과학자들도 확실히는 모릅니다. 하지만 일부는 지구 안쪽에서 그리고 일부는 우주에서 온 것이라고들 추측을 하지요.

지구를 비롯한 혹성들은 물론, 태양도 태어나기 이전인 45억 년 전, 모든 것이 가스와 먼지 구름으로 소용돌이치고 있었습니다. 거기에 물도 들어 있었지요. 그러다가 마침내 이 우주 물질들이 서로 뭉쳐서 덩어리를 만들기 시작했지요. 덩어리가 커질수록 주변 물질들을 더 강하게 잡아당겼고, 결국 태양을 중심으로 혹성들이 도는 태양계 같은 것들이 생겼습니다.

하지만 우주 공간에는 여전히 상당히 커다란 덩어리들이 남아서 돌아다녔어요. 집을 짓는 공사가 끝난 후에도 여러 가지 재료가 남아 있듯이 말이에요. 이것들이 거대한 핀볼 게임처럼 새로 태어난 혹성들을 때리기 시작했어요. 그렇게 해서 생긴 자국이 달에 보이는 거대한 분화구 같은 것들이지요. 그리고 이 때문에 지구의 표면 온도가 너무 높아져서 있는 물은 다 끓어 기체가 되어 버렸을 거예요.

다만 거기서 끝나지 않았지요. 시간이 흐르고 혜성들도 지구를 때리기 시작했습니다. 혜성은 거의 전부 얼음으로 된, 말하자면 아주 커다랗고 더러운 눈 뭉치 같은 것이지요. 지구에 떨어진 혜성들의 얼음이 녹으면서 바다가 생기기 시작했습니다.

화산을 통해 지구 안쪽에 있던 물도 뿜어져 나왔을 거예요. 바위 밑에 갇혀 있던 물이 빠져나온 것이지요. 수백만 년에 거쳐 이런 일이 계속 일어난 결과 바다가 생긴 것입니다.

아, 그건 그렇고, 물이 저렇게 많이 모일 수 있는 장소가 생긴 것은 완전히 다른 이야기이지요. 바다는 거대한 세숫대야처럼 푹 파인 분지에 물이 고인 것입니다. 주변의 대륙보다 훨씬 낮게 파인 곳이지요. 이렇게 깊이 파인 곳이 생긴 이유는 유럽, 아시아, 아메리카와 같은 대륙들이 지구 표면 위를 아주아주 천천히 움직이며 다니기 때문입니다. 우리 손톱이 자라는 정도의 속도로 말이지요.

2개의 대륙이 서로 반대 방향으로 이동하면 그사이에 커다란 공간이 생기면서 대서양이나 태평양 같이 큰 바다를 담는 대양 분지가 생겨서 물이 흘러 들어오기를 기다립니다. 2개의 대륙이 가까워지면 그 사이의 공간이 줄어들고, 어떨 때는 바다가 하나도 남지 않게 되기도 합니다. 장엄한 히말라야산맥도 대륙 2개가 점점 가까워져서 그 사이에 있던 바다를 모두 삼키고, 그것도 모자라 서로 부딪혀 에베레스트산을 비롯한 높디높은 산들을 만들어 낸 것입니다.

왜 민달팽이는 껍데기가 없나요?

닉 베이커 Nick Baker

동식물학자, 방송인

흠, 사실은 껍데기를 가진 민달팽이도 있습니다. 그중 하나가 육식성 민달팽이에요. 우리가 이것들을 잘 보지 못하는 이유는 이 민달팽이들이 대부분 땅 밑에서 지렁이들을 쫓아다니느라 바쁘기 때문이지요. 껍데기가 비늘처럼 아주 작아져서 접시 모양의 작은 모자를 쓴 것 같은 우스꽝스러운 모습을 한 녀석이랍니다. 이런 종류들 때문에 민달팽이와 달팽이를 구분하기가 어떨 때 상당히 애매해져요.

달팽이와 민달팽이는 복족류에 속하는 연체동물이지요. 하지만 달팽이들은 등에 지고 다닐 수 있는 아주 편리한 잠자리를 갖도록 진화했습니다. 이 껍데기는 작은 사냥꾼들로부터 피할 때 유용하지요. 하지만 그보다 더 중요한 것은 조금 더 건조한 장소까지 가더라도 껍데기 속으로 몸을 피할 수 있다는 사실이에요. 그 속에 들어가면 아주 섬세하고 촉촉한 달팽이의 몸이 햇빛이나 바람에 마르지 않도록 보호할 수 있지요. 게다가 달팽이들은 아주 강한 점액을 만드는데, 마르면 동개冬蓋라고 부르는 물질이 되어 껍데기의 앞문으로 사용하곤 합니다.

민달팽이는 껍데기가 없어서 몸이 말라버릴 위험이 훨씬 높습니다. 하지만 껍데기를 가지고 있으면 가지 못할 장소에 갈 수 있다는 큰 장점도 있습니다. 아주 작은 틈새나, 땅 밑 작은 터널처럼 달팽이들은 몸집이 너무 커서 들어갈 수 없는 곳들 말이지요!

달팽이와 민달팽이는 자기를 잡아먹는 사냥꾼들과 생존에 불리한 날씨에 대처하는 방법을 서로 다르게 개발한 셈입니다. 서로 다른 생존 방법으로 진화한 것이지요. 이 사실을 두고 생물학자들은 '고유의 생물학적 지위'를 차지했다고 말합니다.

물은 왜 축축한가요?

로저 하이필드 Roger Highfield
과학 저널리스트

물을 만졌을 때 축축하다고 느끼는 것은 손가락이 두뇌에게 그 감각을 '축축'하다고 말하기 때문이라는 것이 이 질문에 대한 대답입니다.

신경은 피부에 닿는 자극을 감지해서 우리를 둘러싼 세상에 대한 정보를 끊임없이 뇌로 보냅니다. 이것을 촉감이라고 부르지요. 촉감은 무엇이 뜨거운지, 차가운지, 거친지, 부드러운지를 우리에게 알려줍니다. 물은 축축하지요.. 이 말은 물이 액체라는 뜻입니다.

하지만 물은 섭씨 0도에서 100도 사이에서만 액체입니다. 0도 혹은 그 아래가 되면 딱딱한 얼음이 되지요. 냉동실에서 얼음을 꺼내 상온의 음료수가 담긴 컵에 집어넣으면 얼음의 온도가 올라가면서 녹기 시작합니다. 녹으면 고체였던 물이 다시 액체가 됩니다. 주전자에 담긴 물이 섭씨 100도를 넘으면 수증기라고 부르는 기체가 되면서 우리 눈에 보이지 않게 됩니다. 주전자에서 빠져나오는 하얀 김이 눈에 보이는 것은 뜨거운 수증기가 주전자 주변의 시원한 공기와 만나 아주 작은 액체 방울이 되기 때문입니다.

아주 강력한 슈퍼 현미경이 있으면 물이 아주 작은 입자인 분자로 만들어져 있다는 것을 볼 수 있습니다. 각 분자는 또 그보다 더 작은 원자라는 입자로 이루어져 있지요. 우리 몸과 우리 주변에 있는 모든 것(화학물질)을 이루는 이 분자는 레고 블록이라고 생각하면 이해하기가 쉬워요.

각각의 물 분자는 수소 원자 2개와 산소 원자 1개가 모여서 이루어집니다. 분자들도 서로 붙기를 좋아합니다. 하지만 물 분자는 수소 원자들끼리 특별한 결합을 합니다. 여러분도 좀 더 나이가 들면 이 특별한 결합에 대해 더 자세히 배울 수 있을 거예요. 지금 알아야 하는 것은 물 분자들은 이 '수소 결합'이라는 것 때문에 비슷한 크기의 다른 분자들보다 훨씬 더 단단히 묶여 있다는 사실입니다. 바로 이것 때문에 물은 여러모로 굉장히 이상한 성질들을 갖게 됐습니다.

다음은 물의 이상한 성질들이에요.

* 액체 상태의 물은 표면에 얇은 '껍질'을 가지고 있습니다. 눈에 보이지는 않지만 벌레들이 그 위를 걸을 수 있을 정도로 튼튼합니다. 그리고 이 껍질 때문에 액체 상태의 물이 약간 끈적끈적한 성질을 띠게 돼서 우리 손과 옷에 묻고, 축축하게 느껴지는 거예요. 수은 같은 다른 액체는 이 끈적거리는 성질이 없기 때문에 상온에서 축축하게 느껴지지 않지요. 액체 수은을 손에 부으면 구슬처럼 바로 굴러떨어집니다(하지만 이런 짓은 하지 마세요. 수은은 인체에 아주 해로운 물질이거든요).

* 물은 비슷한 크기의 분자로 된 다른 물질들보다 훨씬 높은 온도에서 녹고 끓습니다.

* 대부분의 물질은 온도가 내려가면 부피가 줄어들지만, 물

은 얼면 부피가 커집니다. 그 특별한 수소 결합이 분자들 사이의 간격을 더 멀리 떨어뜨리기 때문이에요. 그래서 액체 상태의 물보다 얼음이 자리를 더 많이 차지하지요. 바로 이 때문에 얼음이 물에 뜨는 것이기도 하고요.

☀ 미국 버클리대학교의 리치 세이캘리의 기발한 실험과 영국 옥스퍼드대학교의 데이비드 클레리의 치밀한 계산 덕분에, 물에 젖기 위해서는 적어도 물 분자 6개가 필요하다는 것이 밝혀졌습니다. 그보다 개수가 적으면 분자 1개 두께의 막을 형성하는 데 그칩니다. 6번째 분자가 더해져야만 분자 덩어리는 젖은 느낌이 나는 미세한 물웅덩이를 이루게 된다고 해요.

뼈가 없으면
나는 어떤 모습일까요?

조이 S. 게일린 라이덴버그 교수 Professor Joy S. Gaylinn Reidenberg
비교해부학자

뼈대가 없으면 팔을 고무줄처럼 늘일 수도 있고, 몸을 완전히 납작하게 만들어서 문 밑으로 빠져나갈 수도 있겠지요. 어쩌면 만화 속 마법사들처럼 변신을 할 수도 있지 않을까요?

하지만 뼈대가 없으면 나쁜 점도 많아요. 아래로 당기는 중력의 힘 때문에 일정한 모양을 유지하기가 힘들어서, 대부분의 시간을 그 순간 몸을 담은 박스나 그릇 모양이 돼서 살게 되겠지요. 컵에 담긴 물이나 틀에 부은 젤리처럼요. 몸을 어떤 박스나 그릇에 담고 있지 않으면, 바닥에 흘린 커다랗고 말랑거리는 젤리처럼 보일 거예요. 좀 징그럽겠죠?

뼈대는 우리 몸의 형태를 잡아 줍니다. 몸을 안에서 지탱해 주는 '틀'인 셈이지요. 뼈 그리고 도르래와 지렛대 기능을 하는 관절은 근육이 붙어서 일을 할 수 있는 표면을 제공합니다. 근육을 당길 때 버텨 주는 딱딱한 뼈대가 없고, 관절들의 기계적인 작동이 없으면, 팔 다리를 움직이는 데 훨씬 더 많은 에너지를 쓰게 돼서 항상 몸이 약하게 느껴지고 더 피곤하겠지요.

물에 산다면 거의 무게를 느끼지 못할 테니 움직이는 것이 그렇게 피곤하지는 않을 거예요. 뼈가 없다면 여러분은 아마 해파리, 오징어, 문어처럼 보일 겁니다. 언젠가 커다란 오징어를 해부한 적이 있어요. 정말 특이한 몸의 구조를 가진 녀석들이지요. 오징어는 뼈가 없어요. 그래서 우리처럼 관절 부분만 접히는 것이 아니라 몸의 어느 부분이라도 굽힐 수 있기 때문에 유연성이 엄청나게 좋답니다. 팔을 나선형으로 꼬는 것을 한번 상상해 보세요!

오징어를 보니 코끼리 코를 해부했던 것도 생각나는군요. 뼈가 하나도 없는데 근육만 써서 여러 방향으로 코를 구부릴 수 있지요. 오징어의 팔도 비슷한 원리로 움직입니다. 한쪽 근육만 세게 당기면 그쪽으로 팔이 움직이고, 모든 근육을 한꺼번에 당기면 길이가 짧아지지요. 다시 길어지려면 제일 바깥에 있는 반지 모양의 근육들이 우리가 주먹을 쥐는 것처럼 중심 근육을 꽉 짜 줍니다. 그러면 안에 들어 있던 액체가 끝 쪽으로 몰리면서—치약을 짜는 것처럼—팔이 앞으로 쭉 나아가게 되지요.

한번은 스쿠버 다이빙을 하다가 커다란 문어를 실제로 만난 적이 있어요. 몸의 모양을 자유자재로 바꾸는 것을 보니 정말 신기하고 재미있었어요. 피부에 주름을 잡아 바위나 해초처럼 보이기도 하고, 팔을 납작하게 만들어 비행기 날개처럼 만드는가 하면, 팔을 감았다 폈다 해서 굴러가는 바퀴처럼 보이게 하기도 하더군요.

제일 감명 깊었던 건 녀석이 팔을 뻗어 나를 만진 순간이었어요(그러고는 내 얼굴 위를 기어서 지나가면서 빨판으로 다이빙 마스크 유리를 완전히 가려 버렸죠). 팔을 감았다 펴고 쭉 뻗는 걸 보면서, 파티 장난감 중 입으로 불면 '뿌우' 소리를 내면서 감겼던 종이가 쭉 뻗어나가는 파티 블로어를 떠올렸던 기억이 납니다!

소들이 공기를 오염시키는 게 사실인가요?

팀 스밋 Tim Smit
영국 에덴프로젝트 창립자

네, 사실이에요. 하지만…… 소들은 좋은 일도 합니다.

먼저 질문에 대한 대답부터 해 보지요. 소가 어떻게 공기를 오염시키냐고요? 모두 소들이 무엇을 먹는가 그리고 어떻게 그것을 소화시키는가 하는 문제와 관계가 있습니다. 여러분과 나 같은 인간들과 달리 소의 위에는 방이 4개가 있어요. 그런 특별한 위 덕분에 소가 아주 질기고, 거칠고, 소화되는 데 오랜 시간이 걸리는 풀을 먹을 수 있는 것입니다. 일단 삼킨 풀은 위의 첫 번째 방에 저장을 했다가 나중에 다시 입으로 끌어올려 더 씹어 줍니다. 풀을 더 잘게 다져서 소화를 돕기 위해 이렇게 되새김질을 하기 때문에 소들은 항상 껌을 씹는 것처럼 보이지요.

위의 두 번째 방에 가득 든 유익한 박테리아들은 풀을 더욱 더 잘게 소화시킵니다. 이 과정에서 고약한 냄새의 메탄이라는 가스가 생기는데, 소는 이 가스를 입으로 내쉽니다. 사람들도 가끔 메탄가스를 뿜어내지요. 팥을 너무 많이 먹거나 하면 나오는데, 우리는 입이 아니고 다른 쪽으로 메탄가스를 뿜어내지요. 뿡, 아이쿠 실례!

아, 혹시 궁금해할까 봐 설명을 마저 하자면, 소 위의 세 번째와 네 번째 방은 우리 인간의 (방 하나짜리) 위와 같은 역할을 합니다. 하지만 그 방들은 공기 오염 이야기와는 상관이 없으니 여기까지만.

다시 고약한 냄새의 공기 오염 가스 이야기로 돌아갑시다. 메탄은 이산화탄소와 마찬가지로 지구 대기권을 유리 담요처럼 덮어 열이 나가지 못하게 막는 온실가스입니다. 기후 변화에 한몫하는 거지요. 이산화탄소보다 열을 더 효과적으로 가두는 성질이 있는 메탄은 소의 입뿐만 아니라 다른 동물의 항문,

화석 연료(석탄과 석유), 늪지대, 벼를 키우는 논 등에서 배출이 됩니다. 가축(소, 양, 염소)이 뿜어내는 메탄가스의 양은 화석연료 산업에서 나오는 양과 맞먹고, 늪지대에서 나오는 것보다는 적지만 벼를 키우는 논에서 나오는 것보다는 많습니다.

  우리가 고기를 덜 먹으면 소의 숫자를 줄일 수 있고, 결과적으로 메탄의 양도 줄일 수 있지요. 온실가스를 줄이는 방법 중 하나입니다. 사실 소는 좋은 일도 많이 하죠. 어떤 땅은 사람들이 먹는 밀이나 콩 같은 작물을 키우는 데 적합하지 않지만, 동물들이 먹을 수 있는 풀은 잘 자라기도 합니다. 또한 전 세계적으로 10억 명 정도의 사람들이 가축에 생계를 의존해서 살아가고 있습니다. 여기에는 농촌 지역에서 하루에 1달러도 안 되는 돈으로 살아야 하는 8억 8000명 인구 중 70퍼센트가 포함되어 있습니다.

  인간이 온실가스 배출을 줄이기 위해 할 수 있는 일은 아주 많습니다. 전깃불, 컴퓨터, 텔레비전 등을 쓰지 않을 때는 꺼서 에너지 절약을 하고, 어른들이 차를 덜 쓰도록 돕고, 재활용을 하는 것 등에 더해, 이런 아이디어들을 친구와 가족들에게도 전달하는 것도 큰 도움이 됩니다. 그리고 여러분 스스로 상상력을 동원해서 새로운 아이디어를 낼 수도 있겠지요.

새로운 아이디어 말이 나왔으니 하는 말인데, 호주의 과학자들은 캥거루의 장에 사는 박테리아가 소의 장에 사는 박테리아보다 메탄가스를 덜 발생시킨다는 사실을 발견했습니다. 그래서 이 캥거루 박테리아를 소의 몸속에 집어넣어 더 친환경적인 소를 만드는 방법을 연구하고 있다지요.

작가들은 어떻게
아이디어를 얻나요?

필립 풀먼 Philip Pulman
작가

    이 질문을 작가 10명에게 하면 아마 10개의 서로 다른 답을 듣게 될 겁니다. 오랜 옛날, 시인들은 '뮤즈'라는 것을 믿었어요. 뮤즈는 시인에게 영감을 주는 여신 같은 존재입니다. 사람들은 9명의 뮤즈가 있고, 이들은 서사시, 비극, 춤 등 각각 하나씩 분야를 맡아서 활동한다고 믿었습니다. 시인이나 음악가들은 뮤즈에게 기도를 하고 제물을 바치면서 좋은 아이디어를 내려 주기를 기원했지요.

    요즘에는 뮤즈를 믿는 사람이 없지요. 하지만 난 왜 옛 사람들이 그랬었는지를 이해할 수 있을 것 같아요. 아이디어가 머리에 떠오르는 것이 꼭 수수께끼처럼 느껴질 때가 많기 때문입니다. 작가라고 해서 꼭 좋은 아이디어가 머릿속에 저절로 떠오르는 것은 아니에요. 어디선가 어둠 속에서 아무 이유 없이 갑자기 나타나는 게 바로 아이디어거든요.

하지만 평소 준비를 잘 하면 도움이 많이 되지요. 사람들이 나한테 어디서 아이디어를 얻는지 물으면, 나는 이렇게 대답할 때가 있어요. "그게 어디에서 오는지는 모르지만 어디로 오는지는 압니다. 바로 내 책상이지요. 하지만 내가 그 순간 책상에 없으면 아이디어는 다른 데로 가 버리고 말아요." 사실 준비를 마친 상태로 책상에 앉아 있든, 그러지 않든 간에 좋은 아이디어가 떠올랐을 때 그것이 좋은 아이디어라는 것을 알아볼 줄 알고, 그것을 잘 이용할 수 있게 준비가 되어 있는 것이 중요합니다.

학교를 다닐 때는 크리켓을 하면 좋은 아이디어가 잘 떠오르곤 했어요. 공을 던지는 것도, 치는 것도 못했고, 잡는 것도 잘 못했기 때문에 저 멀리 외야에 나가서 어슬렁거리면서 경기에 반쯤 신경을 쓰고, 반쯤은 꿈을 꾸면서 시간을 보낼 수 있었거든요. 바로 그게 나한테는 아이디어를 떠올리기에 가장 적합한 상태입니다. 사실 그런 상태로 평생 살아온 것 같아요.

어떤 작가들은 공책을 가지고 다니다가 아이디어가 떠오를 때마다 적곤 합니다. 여러분에게 이 방법이 맞을 수도 있어요. 나도 가끔 시도를 해 보지만 그건 나한테는 별 도움이 되지 않는 것 같아요. 내 경우에 보통 좋은 이야기의 아이디어는 시골 길을 걸을 때 나와요. 옷에 달라붙는 끈끈이 씨앗처럼 머리에서 떠나질 않거든요. 털어 버리려 해도 털어지지가 않지요.

아이디어는 어디에서 올지 몰라요. 책을 읽다가 아이디어를 얻는 경우도 많습니다. 다른 작가에게서 영감을 얻는다고 잘못된 것이 전혀 아니에요. 우리들 대부분은 뭔가를 읽고 너무 좋아서 그렇게 글을 쓰고 싶다는 생각으로 글을 쓰기 시작하니까요. 그리고 사람들을 관찰하고, 그들의 말을 듣는 데서도 많은 아이디어를 얻을 수 있지요.

하지만 '좋은 아이디어가 떠오르는 것'은 시작에 불과합니다. 그다음에 해야 할 일은 그 아이디어를 이야기로 엮어 내는 것이지요. 어떤 사람들은 영감만 있으면 작가가 되는 것으로 생각합니다. 절대 아니지요! 좋은 아이디어를 가지고 있는 사람은 아주 많아요. 하지만 그것으로 이야기를 써 내는 사람은 얼마 되지 않습니다. 그게 바로 힘든 일의 시작이기 때문이지요.

　하지만 너무 염려하지는 마세요. 항상 규칙적으로 열심히 일하고, 일이 잘 풀리지 않는 것 같다는 생각이 들 때도 포기하지 않고 꾸준히 노력하면, 뮤즈가 지켜보다가 좋은 아이디어라는 상을 내릴 테니까요. 몇 주 동안 끙끙거리고 고민을 하던 문제를 해결할 수 있는 좋은 아이디어가 떠올랐을 때만큼 기분 좋은 일은 드물지요. 그런 일이 정말 일어날 때가 있답니다. 그래서 내가 아직도 뮤즈를-어느 정도는-믿는 거예요.

왜 남자들은 수염이 나는데 여자들은 그렇지 않은가요?

크리스천 제슨 박사

의사, 방송인

이 질문은 "왜 남자는 여자랑 달라 보이나요?"와 비슷한 질문이라고 할 수 있겠군요. 남녀의 차이는 모두 아주 똑똑한 두 종류의 호르몬, 즉 화학물질 때문입니다. 이 호르몬은 대략 만 13세, 사춘기가 될 즈음부터 우리 몸속에서 활동을 시작합니다. 에스트로겐과 테스토스테론이라고 부르는 이 녀석들이야말로 바로 사춘기가 지난 후에 여러분들을 좀 더 어른답게 보이게 만드는 주역이고, 결국 우리가 여자처럼 보이느냐, 남자처럼 보이느냐를 결정짓는 것들입니다.

에스트로겐이라고 부르는 호르몬은 여자들 몸에서 더 왕성하게 활동을 합니다. 가슴을 비롯해서 여자들만 가지고 있는 각종 기관들을 커지게 하지요. 또 여자들의 머리카락은 길게 하지만 얼굴에는 수염이 나지 않게 하는 역할도 합니다.

남자들 몸속에는 테스토스테론이 활발하게 작동하는데, 그 덕에 목소리가 낮아지고, 여자보다 키가 커지며 근육이 발달하게 되는 것입니다. 이 호르몬은 또 남자들 얼굴과 몸의 다른 부분에 털을 길게 하는 대신, 머리털은 빨리 자라지 않도록 합니다. 바로 이 때문에 수염은 긴데 머리는 대머리인 남자들이 있는 거지요!

따라서 왜 남자만 수염이 있고, 여자는 없냐는 질문에 대한 답은 '남자들이 여자들보다 몸속에 테스토스테론을 더 많이 가지고 있기 때문에'입니다.

여자의 몸에서 테스토스테론이 너무 많이 만들어지면 병이 나기도 합니다. 테스토스테론은 남성호르몬이기 때문이지요. 병원에 가서 호르몬 불균형을 조절하지 않으면 무슨 일이 일어나는지 아세요? 여자지만 얼굴에 수염이 나기 시작하지요!

이런 엉뚱한 답도 있어요!

여러 명의 전문가가 어린이들의 질문에 대해 또 다른 재미있는 답을 해 주었습니다.

⭐ 스티븐 프라이 Stephen Fry

코끼리는 왜 긴 코를 가지고 있나요?

영어로 코끼리 코를 트렁크라고 하지요? 남자들이 입는 수영복도 트렁크예요. 내 생각엔 코끼리들이 너무 수줍어서 발가벗고 수영하면 악어랑 하마랑 손가락질할까 봐 창피해서 트렁크가 필요한 것 같아요. 나도 수줍음을 많이 타서 목욕할 때도 트렁크를 입고 한답니다.

⭐ 사라 밀리컨 Sarah Millican

벌레를 먹어도 될까요?

음…… 부모님이 안 볼 때만요.

바람은 어디에서 오나요?

방울양배추에서요(영어로 방귀를 wind, 즉 바람이라고도 해요. 그런데 방울양배추는 먹으면 방귀가 많이 나오기로 유명합니다. -옮긴이). 그리고 금방 그 소리, 나 아니었어요.

우리는 모두 친척인가요?
크리스마스 선물을 많이 받으려고 이런 질문을 하는 건 아니겠죠?

우리는 왜 밤에 잠을 자나요?
대학에 갈 때까지 기다려 보세요. 그때가 되면 낮에도 계속 잠이 올 거예요.

외계인이 정말 존재하나요?
네, 동생으로 변장해서 돌아다니는 경우가 많으니까 조심하세요.

사자는 왜 포효하나요?
그건 사자가 하품하는 거예요. 사자 앞에 여러분이 서 있을 때 포효를 했나요? 아마도 여러분이 너무 따분하게 했나 봐요.

미켈란젤로는 왜 그렇게 유명해졌나요?
닌자 거북이 중에 그림도 잘 그리는 사람은 미켈란젤로뿐이었거든요.

원숭이와 닭의 공통점이 있나요?
네. 감자튀김이랑 곁들여 먹으면 둘 다 맛있어요.

이집트 피라미드는 어떻게 지어졌나요?
토블론(삼각형 모양의 초콜릿 - 옮긴이) 초콜릿을 엄청나게 많이 쌓아서요.

⭐ **샌디 토크스빅** Sandi Toksvig

꿈은 어떻게 만들어지나요?
달걀 흰자위로요.

사람들은 왜 서로 피부색이 다른가요?
그래야 텔레비전 속이 더 재미나 보이지요.

'느낌이 좋은 것'은 어디서 오나요?
대만에 있는 작은 공장에서요.

왜 화장실에 가야 하나요?
밥 먹다가 자리를 피하고 싶을 때 핑계 대고 갈 곳이 필요하니까요.

혹성들은 왜 둥그렇게 생겼어요?
포장하기 어렵게 하려고요.

밤이 되면 왜 하늘이 깜깜해지나요?
손전등 만드는 회사들도 할 일이 있어야 하니까요.

달은 왜 빛나나요?
한 달에 1번씩 왁스를 발라 광을 내거든요.

우리는 왜 음식을 익혀 먹나요?

집에 부엌을 만들어 놓고 쓰지 않으면 바보 같아 보일까 봐 그런 것이지요.

전기는 어떻게 만드나요?

꽉 끼는 나일론 반바지를 입고 뛰어다니면 되죠.

사자는 왜 포효하나요?

분노를 참지 못하는 경향이 있는 것 같으니 상담을 받아 봐야겠네요.

★ 로버트 웹 Robert Webb

맨 처음 반려동물을 키운 건 누구였나요?

로마 황제 율리우스 카이사르. '비앙카'라는 이름의 다람쥐였죠.

우리는 왜 돈을 사용하나요?

원래는 치즈를 썼었는데 냄새가 너무 나서 그만…….

밤이 되면 왜 하늘이 깜깜해지나요?

태양이 충전 중이거든요.

시간이 빨리 갔으면 좋겠다고 생각할 때는 왜 더 천천히 가나요?

그래야 코딱지를 팔 시간이 있지요.

아직 발견되지 않은 동물이 있나요?

네. 반은 박쥐, 반은 코끼리처럼 생긴 '벨리판트Belliphant'라는 동물이 내년 크리스마스에 홍콩에서 발견될 거예요.

원자란 무엇인가요?

과학으로 만들어진 아주 작은 콩이에요.

왜 자기 자신을 간지럽힐 수 없나요?

그러면 진짜 미친 사람처럼 보일 테니까요.

자동차는 어떻게 움직이나요?

바퀴 안에 사는 작은 돼지들이 있는 힘을 다해서 뛰면 차가 앞으로 간답니다.

벌도 벌에게 쏘일 수 있나요?

네, 하지만 그렇게 하면 벌 감옥에 가서 파리 옷을 입고 살아야 해요. 파리는 벌이 제일 싫어하는 곤충이에요.

달은 왜 빛나나요?

사람들이 달에 관한 노래를 쓰라고요.

무지개는 무엇으로 만들어졌나요?

사랑이요. 무지개는 두 구름이 사랑에 빠졌을 때 생기죠.

우리는 왜 음식을 익혀 먹나요?
그렇지 않으면 벽장 안에 든 프라이팬이 너무 지루해하니까요.

과학자들은 왜 세균을 들여다보나요?
세균들이 항상 뮤지컬 공연을 하거든요. 별로 잘하지는 못하지만.

과거로 시간 여행을 하는 것이 가능한 날이 올까요?
내가 알기로 어제까지는 못했습니다.

뼈가 없으면 나는 어떤 모습일까요?
털 난 젤리 같은 모습이겠지요.

사자는 왜 포효하나요?
사실은 노래를 하려고 한 건데, 음치라서.

숫자는 영원히 계속 커지나요?
네, 하지만 어떨 때는 계속 커지는 것이 힘들어서 쉬면서 초콜릿을 먹기도 하지요.

물은 왜 축축한가요?
그래야 목욕할 때 덜 꺼끌거리겠죠.

미켈란젤로는 왜 그렇게 유명해졌나요?

팬클럽을 직접 시작하고 티셔츠도 만들어 나눠 줬거든요.

어떻게 사랑에 빠지게 되나요?

어떤 사람 옆에 서 있는데 어질어질하면 사랑에 빠진 거예요.

왜 어떤 사람은 키가 크고, 어떤 사람은 키가 작나요?

크려는 노력을 도무지 하지 않는 사람들이 있거든요.

★ 샤지아 미르자 Shazia Mirza

꿈은 어떻게 만들어지나요?

전자레인지에서 3분간 돌리면 됩니다.

혹성들은 왜 둥그렇게 생겼어요?

컵케이크를 너무 많이 먹었나 보지요.

왜 남자들은 수염이 나는데 여자들은 그렇지 않은가요?

남자들은 나중에 먹을 음식을 보관하느라 수염이 필요해요. 여자들은 핸드백에 넣을 수 있으니까 필요 없고요.

우리는 왜 영원히 살 수 없나요?

다음 세상에 가서 청소를 해야 하거든요.

시간이 빨리 갔으면 좋겠다고 생각할 때는 왜 더 천천히 가나요?
시간이 우리 마음을 읽고 화를 돋우는 것을 좋아하거든요.

나무는 어떻게 우리가 숨 쉬는 공기를 만드나요?
방귀를 뀌어서.

우리는 왜 음악을 듣나요?
부모님 잔소리를 듣지 않으려고.

두뇌는 어떻게 나를 조종하나요?
배꼽으로 메시지들을 보내서요.

펭귄들은 왜 남극에서만 살고 있나요?
남극에 좋은 호텔들이 많기 때문에요.

왜 어떤 사람은 키가 크고, 어떤 사람은 키가 작나요?
신발 안에 비밀 사다리를 가지고 있거든요.

바닷물은 왜 짠가요?
피쉬 앤 칩스 때문에.

⭐ 클라이브 앤더슨 Clive Anderson

벌레를 먹어도 될까요?

저기, 벌레한테는 안 괜찮지요.

맨 처음 반려동물을 키운 건 누구였나요?

이브. 뱀을 길렀는데 별로 재미를 못 봤지요.

시간이 빨리 갔으면 좋겠다고 생각할 때는 왜 더 천천히 가나요?

그렇지 않아요. 천천히 갔으면 좋겠다고 생각할 때 오히려 빨리 가거든요.

왜 세상은 어른들 마음대로 돌아가나요?

흠, 우리가 먼저 왔거든요.

왜 어떤 사람은 키가 크고, 어떤 사람은 키가 작나요?

다른 사람보다 작은 사람이 있기 때문이지요.

답변한 선생님들을 소개합니다

🌿 선생님들의 이름은 성을 기준으로 알파벳 순서대로 정리하였습니다.

- **매기 에더린-포콕 박사**는 어릴 때부터 우주에 관한 꿈을 키웠다. 현재 우주과학자로 일하고 있는 그는 우주의 신비에 대해 사람들에게 이야기하는 것을 좋아한다. 여러 학교를 찾아다니며 자신이 하는 신나는 일에 대해 설명하고, 어린이들에게 꿈을 크게 가지라고 격려하는 데 많은 시간을 할애하고 있다.

- **짐 알칼릴리**는 과학자이자 작가이며, 방송인이다. 영국 서리대학교에서 물리학을 가르치는 그는 사람들이 과학을 이해하는 것을 도우며 큰 보람을 느낀다. 국내에 번역 출간된 책으로 《어떻게 물리학을 사랑하지 않을 수 있을까?The World According to Physics》 등이 있다.

- **베네딕트 앨런**은 탐험가로, 지금까지 무려 6번이나 구사일생으로 목숨을 구한 경험을 했다. 이 세상에서 가장 외따로 떨어진 곳에서 살면서 그곳 환경을 필름에 담아 왔다. 저서로는 아마존 정글의 모험을 담은 《매드 화이트 자이언트Mad White Giant》, 뉴기니의 다양한 의식들을 묘사한 《인투 더 크로커다일스 네스트Into the Crocodile's Nest》 등이 있고, 그 외에도 자신의 신기한 탐험 경험을 담은 기록물을 많이 제작했다.

- **클라이브 앤더슨**은 변호사 출신의 코미디 쇼 사회자이다. 〈후즈 라인 이즈 잇 애니웨이?Whose Line Is It Anyway?〉라는 즉흥 코미디 쇼 사회자로 명성을 얻은 후, 수많은 라디오와 TV 쇼 사회자로 일해 왔다. 현재 BBC 라디오4에서 〈루

스 엔즈Loose Ends〉와 〈언릴라이어블 에비던스Unreliable Evidence〉 등을 진행하고 있다. 저서로는 2권짜리 책 《언릴라이어블 메모어스Unreliable Memoirs》 외 다수가 있다.

- **데이비드 애튼버러**는 영국에서 가장 유명한 자연사 다큐멘터리 제작자이자 환경보호운동가이다. 동식물학자, 방송인으로 일해 온 50여 년의 세월 동안 그가 가 보지 않은 곳은 세상에 거의 없다 해도 과언이 아니다.

- **줄리언 바지니**는 여러 권의 책을 펴낸 작가이다. 〈필로소퍼스 매거진The Philosopher's Magazine〉 편집자이자 공동 창립자이기도 한 그는 수많은 신문, 잡지에 칼럼을 기고해 왔다. 국내에 번역 출간된 책으로 《러셀 교수님, 인생의 의미가 도대체 뭔가요?What's It All About?: Philosophy and the Meaning of Life》《당신의 질문은 당신의 인생이 된다The Shrink and the Sage》 등이 있다.

- **닉 베이커**는 어릴 때 거미, 무당벌레, 개구리 등을 수없이 많이 수집했다. 요즘은 많은 사람이 잘못된 인상을 가지고 있는 벌레들의 세상에 대한 프로그램을 만드는 '곤충 사나이'로 알려져 있다. 자신처럼 곤충을 사랑하는 어린이들을 위해 《더 버그 북The Bug Book》을 집필했다.

- **웬디 베킷**은 20년 전 미술 전문가로 TV에 출연한 첫 방송부터 예술에 대한 열정으로 시청자들을 사로잡았다. 그 후 예술 프로그램 제작과 출판에 관여해 왔다. 16세에 수녀가 된 후, 영국 옥스퍼드대학교에 진학한 그는 카르멜회 수도원에서 고요한 삶을 살고 있다.

- **데이비드 벨러미**는 식물학자, 작가, 방송인으로 1970~1980년대에 걸쳐 방영된 자연을 주제로 한 프로그램을 통해 영국에서 가장 사랑받는 방송인으로 자리를 굳혔다. 어린이들을 대상으로 한 책을 포함해 약 30여 권의 책

을 냈으며, 자연보호재단을 설립해 단장으로 일하고 있다.

- **버네서 벌로위츠**는 BBC와 함께 20년이 넘도록 야생동물 및 생물에 관한 프로그램을 제작해 왔다. 그중 대표작은 〈얼어붙은 대륙Frozen Planet〉〈살아 있는 지구Planet Earth〉〈포유류의 삶The Life of Mammals〉 등이 있다. 그는 사냥을 하는 작은 거미에서부터 파키스탄의 산악지대에서 제임스 본드 스타일의 대작전을 펼쳐 찍은 눈표범에 이르기까지, 실로 놀라운 생명체들을 필름에 담는 경험을 한 자신이 정말 행운아라고 생각한다.

- **헤스턴 블루먼솔**은 유명한 달팽이 죽과 베이컨 에그 아이스크림을 발명한 요리사이다. 독학으로 요리를 익힌 그는 익숙하지 않은 맛과 요리법을 실험하는 것을 즐긴다. 《찰리와 초콜릿 공장Charlie And The Chocolate Factory》에 나오는 윌리 웡카와 공통점이 상당히 많은 인물이다.

- **알랭 드 보통**은 철학, 종교, 예술, 여행을 주제로 한 책을 쓴다. 흔하지 않은 이름은 그가 스위스 사람이기 때문인데, 이제는 영어도 상당히 유창하게 한다. 국내에 번역 출간된 대표적인 책으로 《왜 나는 너를 사랑하는가Essays in Love》, 《불안STATUS ANXIETY》 등이 있다.

- **데런 브라운**은 마술과 심리학을 복합적으로 이용해서 사람들의 행동을 예측하고 조정하는 것처럼 보이고, 엄청난 규모의 착시 현상을 일으키는 공연들을 무대에서 선보인다. 다수의 책을 펴내기도 한 그는 초상화 그리기가 취미이고, 앵무새들을 아주 사랑한다.

- **타냐 바이런**은 임상심리학자다. 임상심리학이란 정신 건강 및 행동에 문제를 겪는 사람들을 치료하는 분야다. TV, 라디오 프로그램에 정기적으로 출연하고, 다양한 칼럼과 책을 집필했다.

• **마크 카워딘**은 동물학자이자 동물보호운동가로 활발한 활동을 하고 있다. 50여 권이 넘는 저서를 펴낸 그는 야생동·식물 사진작가이며, 잡지 기고가이자, 스티븐 프라이와 함께 BBC2 프로그램 〈라스트 찬스 투 시Last Chance to See〉를 진행했고, 런던 자연사박물관에 관한 프로그램인 〈더 뮤지엄 오브 라이프The Museum of Life〉에 출연하기도 했다.

• **노엄 촘스키**는 세계적 언어학자이자 철학자로 미국 매사추세츠공과대학교MIT 교수를 역임했다. 사회비평가이자 정치운동가로서도 활발하게 활동하고 있다. 국내 번역된 출간된 책으로 《촘스키의 통사구조Syntactic Structures》《촘스키, 사상의 향연Chomsky on Democracy & Education》《촘스키, 인간이란 어떤 존재인가What Kind of Creatures Are We?》 등이 있다.

• **마커스 초운**은 대학 강사이자 과학 전문 작가이다. 어른들을 대상으로 블랙홀이나 빅뱅 등을 설명하는 책들을 펴냈고, 국내에 번역 출간된 책으로 《태양계의 모든 것Solar System》《중력에 대한 거의 모든 것The ascent of gravity》 등이 있다. 어린이들을 위해서 《펠리시티 프로비셔와 머리 3개짜리 알데바란 먼지 괴물Felicity Frobisher and the Three-Headed Aldebaran Dust Devil》과 같은 재미있는 책들을 썼다.

• **자비스 코커**는 몇십 년 동안 밴드 펄프Pulp의 대표로 활동하면서 영국에서 가장 사랑받는 문화 아이콘으로 자리 잡았다. 대중음악에 흔하지 않은 지적인 위트를 가미하는 데 성공했다는 평을 듣는다. 현재 솔로로 활동하는 그는 작곡, 공연에 힘을 기울이는 한편 라디오 프로그램을 진행하고 있다.

• **헤더 쿠퍼**는 방송인이자, 천문학과 우주에 관한 책을 펴낸 저자이다. 그리니치 천문관을 5년간 운영했고 30권이 넘는 책을 출간했다. 1986년 헬리 혜성을 보기 위해 런던에서 뉴질랜드로 비행한 콩코드기에 천문학 전문가로

탑승했다. 그의 이름을 따 제3922번 소행성에 '헤더Heather'라는 이름이 붙여졌다.

- **리처드 도킨스**는 진화생물학자로, 학교에서 진화 이론을 가르쳐야 한다고 주장한다. 수없이 많은 저서들 중 대표작은 《만들어진 신The God Delusion》《이기적 유전자The Selfish Gene》 그리고 어린 독자들이 우주의 신비를 이해하기 쉽게 풀어 쓴 《현실, 그 가슴 뛰는 마법The Magic of Reality》 등이 있다.

- **로빈 던바**는 옥스퍼드대학교 진화심리학 명예교수로, 원숭이, 영장류, 인간 행동의 진화를 연구하는 팀을 이끌고 있다.

- **데이비드 이글먼**은 두뇌를 연구하는 과학자이자 작가이며 스탠퍼드대학교 부교수로 재직 중이다. 그의 두뇌 실험실에서는 시간, 감각 그리고 신경 법학 체제에 대한 연구가 진행된다. 《무의식은 어떻게 나를 설계하는가Incognito》《더 브레인The Brain》 등의 책을 썼다.

- **트레이시 에민**은 1990년대 '젊은 영국 예술인Young British Artist'으로 선정되면서 유명해졌다. 그의 작품들 중 다수는 자신의 삶을 이야기하는 것들이다. 그림도 그리지만 퀼트, 텐트, 침대, 옷 등을 비롯한 다양한 재료를 사용해서 작품을 만들어 왔다.

- **러셀 G. 포스터**가 연구하는 생체 주기 신경학은 밤과 낮이 인간과 동물에 미치는 영향을 연구하는 학문이다. 러셀은 우리 몸 안의 시계에 대해 모든 것을 알고 있다. 그래서 잘 시간이 지나도 깨어 있으면 왜 신경질이 나는지, 사춘기 청소년들은 왜 늦잠을 자는지 등의 이유를 설명했다.

- **알리스 파울러**는 정원 가꾸기를 정말 좋아한다. 그의 개 이소벨도 정원 가

꾸기에 열렬히 동참한다. 원예학을 전공한 그녀는 TV의 정원 가꾸기 프로그램에 출연하고 책과 칼럼 집필에도 시간을 많이 할애한다.

• **스티븐 프라이**는 배우, 작가, 방송 진행자이다. 영국의 국보, 현대의 르네상스 맨이라는 애칭을 가지고 있다.

• **앤서니 그레일링**은 런던 뉴칼리지오브더휴머니티스대학 초대 학장이다. 그는 철학을 비롯한 여러 분야에 걸쳐 20권이 넘는 책을 집필, 편집했다. 체벌을 너무 많이 하는 것에 대한 항의로 14살에 학교에서 자퇴한 그레일링은 이제 학교 체벌이 더 이상 계속되지 않는다는 사실이 무척 기쁘다고 말한다.

• **수전 그린필드**는 뇌가 어떻게 작동하는지에 대한 모든 것을 아는 과학자다. 특히 파킨슨병 및 알츠하이머병 연구의 최고 권위자이다. 그는 우리가 게임, 트위터, 페이스북 같은 것을 많이 했을 때 뇌에 어떤 현상이 벌어지는지에 관심을 가지고 연구 중이다.

• **존 그리빈**은 케임브리지대학에서 천체물리학을 전공한 뒤 과학 기고가의 길을 걸었다. 그가 집필한 수십 권의 논픽션 중 대표작으로는 《진화의 오리진 On the Origin of Evolution》《슈뢰딩거의 고양이를 찾아서 In Search of Schrodinger's Cat》 그리고 다수의 공상과학 소설이 있다.

• **베어 그릴스**는 구더기를 먹고 사슴의 시체 안에서 잠을 자면서 TV 시리즈 〈인간과 자연의 대결 Man vs Wild〉〈본 서바이벌 Born Survivor〉 등을 촬영했다. 어려서부터 무술을 익혀 온 그는 영국 특전사에 입대하고, 만 23세 때는 에베레스트산을 등반했다. 자선기금 모집을 위해 남극에서 북극에 이르기까지 머나먼 곳을 탐험하는 수많은 탐험대를 이끌기도 했다.

- **실리아 해던**은 《말썽 부리는 고양이들Cats Behaving Badly》과 《고양이가 집사를 길들이는 100가지 방법One Hundred Ways for a Cat to Train Its Human》 등을 집필했다. 가장 최근 저서로는 현재 기르고 있는 고양이의 전기 《틸리 더 어글리스트 캣 인 더 쉘터Tilly the Ugliest Cat in the Shelter》가 있다.

- **클라우디아 해먼드**는 방송인, 작가, 보스턴대학교 심리학 강사이다. BBC 라디오4에서 프로그램 〈마음의 모든 것All in Mind〉를 진행하고 있다. 저서로는 《어떻게 시간을 지배할 것인가Time Warped》와 《감정의 롤러코스터Emotional Rollercoaster》 등이 있다.

- **미란다 하트**는 코미디 작가이자 배우이다. 시트콤 〈미란다Miranda〉를 통해 영국에서 가장 인기 있는 코미디언 중 한 명이 되었다. 기억할 수 없을 정도로 어릴 적부터 코미디언이 되고 싶었지만, 윔블던테니스대회에서 여성 챔피언이 되고 싶다는 또 다른 꿈도 아직 버리지 않고 있다.

- **애덤 하트-데이비스**는 저널리스트, 작가이다. 〈로컬 히어로즈Local Heroes〉〈투모로우스 월드Tomorrow's World〉〈로마인들 (그리고 다른 이들이) 우리를 위해 한 일들What the Romans and others〉〈하우 런던 워즈 빌트How London Was Built〉 등을 진행했었다. 목공 일을 즐겨서 의자, 달걀 컵, 스푼 등을 만들면서 시간을 보낸다. 약 30권 정도의 책을 썼다.

- **로저 하이필드**는 과학 저널리스트이자 런던 과학박물관재단 원장이다. 이 일을 하기 전에는 잡지 〈뉴 사이언티스트New Scientist〉의 편집장이었다. 또 중성자를 비누 거품에 쏘아 튕겨 나가게 한 최초의 인물로 알려져 있기도 하다.

- **리처드 홀러웨이**는 14살 때 성직자 훈련을 하는 기숙학교에 입학해서, 결국 에든버러 주교까지 됐다. 요즘 그는 TV 프로그램을 만들고 책을 쓰며 시

간을 보내고 있다. 가장 최근에는 자신의 이야기를 담은 《리빙 알렉산드리아Leaving Alexandria》를 펴냈다.

• **켈리 홈즈**는 학교 체육 선생님의 권유로 12살 때부터 달리기를 시작했다. 항상 올림픽 경기에 출전하는 것을 꿈꿔 오던 그녀는 결국 2004년 올림픽에서 800미터, 1500미터에서 금메달을 따 2관왕이 됐다. 현재는 자신의 회사 더블 골드 엔터프라이즈Double Gold Enterprises 그리고 자선단체 데임 켈리 홈즈 리거시 트러스트Dame Kelly Holms Legacy Trust를 통해 어린이들이 스포츠를 비롯한 여러 분야에서 잠재력을 꽃피울 수 있도록 돕고 있다. 2005년 영국 여왕으로부터 여성에게 주는 작위인 데임Dame을 받았다.

• **존 R. '잭' 호너**는 미국 로키산맥박물관의 고생물학 분야 큐레이터다. 그는 세계 최초로 공룡의 배아를 발견했고, 그의 이름을 딴 공룡이 2종이나 된다. 잭은 스티븐 스필버그 감독의 〈쥬라기 공원Jurassic Park〉 시리즈 기술 고문으로 일했고, 미국 폭스방송국의 〈테라 노바Terra Nova〉에 출연했다. 도그Dawg이라는 이름의 개와 함께 살고 있다.

• **케이트 험블**은 야생 동식물과 과학에 관한 TV 프로그램 진행자다. 5살 때 승마를 배운 그는 어린 시절의 대부분을 말들과 함께 보냈다. 아프리카의 사자나 웨일스 지방의 새끼 양들을 촬영하지 않을 때는 남편과 함께 운영하는 농장에서 시골 살기에 관한 강좌를 운영한다.

• **사이먼 잉스**는 소설가, 과학 작가 그리고 잡지 〈아크Arc〉의 편집장이다. 〈아크〉는 〈뉴 사이언티스트〉를 펴내는 사람들이 창간한 미래에 관한 잡지다. 그가 쓴 저서 중에서 《디 아이The Eye》는 눈의 화학적·생물학적·물리학적 측면을 모두 살펴보는 책이다.

- **캐런 제임스**는 미국 메인주 바 하버에 있는 산, 사막, 섬 생물 실험실Mount Desert Island Biological Laboratory에서 생물학을 연구한다. HMS 비글호 프로젝트를 공동 창립하고 현재 프로젝트 디렉터로 일하고 있다. 이 프로젝트는 1830년대 찰스 다윈이 연구 여행을 위해 타고 다녔던 비글호를 다시 복원해서 다윈의 행적을 되짚어 보는 것이 목적이다.

- **올리버 제임스**는 심리학을 전공한 부모님에게서 태어나 자신도 심리학자가 되었다. 《어플루엔자Affluenza》《브리튼 온 더 카우치Britain on the Couch》와 같은 인문 서적뿐 아니라 기사, 프로그램 등을 쓰고 만드는 일을 한다. 어렸을 적에 장난이 무척 심했던 올리버는 학교 성적이 그다지 좋지 않았지만 어찌어찌 대학에 진학할 수 있었고, 그때부터는 열심히 공부했다고 한다.

- **사라 자비스**는 의사이다. BBC 라디오2와 〈더 원 쇼The One Show〉 등에서 전문 상담가로 자주 출연하고, 신문, 잡지에 많은 기고를 하고 있다. 여성 건강에 특히 관심이 많다.

- **크리스천 제슨**은 의사, 방송인이다. 〈임배러싱 바디스Embarrassing Bodies〉〈슈퍼사이즈 vs 슈퍼스키니Supersize vs Superskinny〉〈디 어글리 페이스 오브 뷰티The Ugly Face of Beauty〉 등의 프로그램에 카리스마 넘치는 진행자로 출연하고 있다. 오보에 연주가 취미여서 가끔 연주회를 열기도 한다.

- **애너벨 카멜**은 아기들과 어린이들에게 어떤 음식을 먹여야 하는지에 관해 전문적 지식을 갖추고 있다. 3명의 아이의 엄마인 그녀는 수십 년 전 베스트셀러 《완벽한 아기·유아 식단 플래너Complete Baby and Toddler Meal Planner》를 출간한 후 25권의 책을 더 펴냈다. 〈애너벨스 키친Annabel's Kitchen〉이라는 TV 프로그램에 출연하기도 했다.

- **로런스 크라우스**는 미국 애리조나주립대학교에서 이론물리학을 가르치면서 우주에 관한 커다란 질문들에 대한 답을 찾기 위해 열심히 연구하고 있다. 그가 펴낸 책 중에는 어린이들이 읽는 《스타트렉의 물리학 The Physics of Star Trek》, 《무無로부터의 우주 A Universe from Nothing》 등이 있다. 캐나다 출신인 그는 산악자전거 타기와 제물낚시가 취미이다.

- **마크 쿨란스키**는 소설, 비소설을 망라해 25권의 책을 펴낸 작가다. 대표작으로는 《대구 Cod》 《소금 Salt》이 있고, 이 두 책을 어린이 대상으로 위해 쉽게 풀어쓴 《대구 이야기 The Cod's Tale》 《소금 세계사를 바꾸다 The Story of Salt》 등이 있다. 마크의 딸 탈리아는 아빠의 글을 모두 읽고, 책이 너무 지루해지지 않도록 조언을 아끼지 않는다.

- **조나 레러**는 과학 중에서도 특히 뇌과학에 관한 글을 많이 쓴다. 가장 좋아하는 음식은 토마토스파게티고, 보통 어깨 위에 반려 앵무새를 앉힌 채 글을 쓴다.

- **스티브 레너드**는 〈베트 스쿨 Vet School〉이라는 TV 프로그램으로 대중에게 알려지기 시작한 후, 〈스티브 레너드의 익스트림 애니멀스 Steve Leonard's Extreme Animals〉 〈애니멀 킹덤 Animal Kingdom〉 〈사파리 베트 스쿨 Safari Vet School〉과 같은 자연 다큐멘터리를 진행했다. 그는 자연 상태의 동물을 그토록 가까이에서 볼 수 있었던 행운을 아직까지도 믿을 수가 없다고 말한다.

- **마틴 라이언스**는 30년도 더 전에 영국에서 호주 시드니로 이주했다. 현재는 뉴사우스웨일스대학에서 학생들을 가르치면서 책을 쓰는 작업을 하고 있다. 시드니의 크리스마스는 1년 중 가장 더운 계절인데, 그에게 가장 기억에 남는 크리스마스의 추억은 산타클로스가 서프보트를 타고 해변에 도착했던 장면이다.

- **조지 맥개빈**은 동식물, 특히 곤충에 평생 집착적인 흥미를 느껴 왔다. 널리 인정받는 곤충학자이자 동물학자인 그는 수많은 책을 출간했고, 오랜 기간 대학에서 후학을 양성한 후 이제는 BBC의 과학, 자연사 프로그램들을 진행하고 있다. 그의 이름을 딴 곤충의 종도 몇 개 있는데, 조지는 그 곤충들이 자기가 세상을 뜬 후에도 계속 지구상에 살아남아 있기를 진심으로 기원한다.

- **샐리 매그너슨**은 스코틀랜드에서 뉴스 진행자로 일하고 있다. 뉴스가 가끔 너무 심각해지는 경향이 있기 때문에 샐리는 《오줌의 일생 Life of Pee》과 같은 책을 쓴다. 《호레이스 앤 더 해기스 헌터 Horace and the Haggis Hunter》는 남편이 그림을 그리고 자녀들의 도움을 받아 발표한 그녀의 첫 번째 어린이 책이다.

- **조앤 매니스터**는 과학의 신비를 어린이들과 함께 나누는 것을 정말 좋아한다. 생물학자이자 전직 모델이기도 한 그녀는 일리노이대학교에서 학생들을 가르치고, 〈사이언티픽 아메리칸 Scientific American〉에 기고를 하고 있다.

- **개리 마커스**는 뉴욕대학교 명예교수이자 매사추세츠공과대학교에서 뇌과학 연구로 박사 학위를 취득했다. 대표 저서로는 두뇌와 정신의 기원과 발달에 관해 쓴 《마음이 태어나는 곳 The Birth of the Mind》과 지미 헨드릭스와 올리버 색스의 만남이라는 평을 받는 《클루지 Kluge》 등이 있다.

- **사라 밀리컨**은 영국의 코미디언으로, 자신의 이름을 건 〈더 사라 밀리컨 TV 프로그램 The Shara Millican Television Programme〉으로 잘 알려져 있다. 그녀가 발매한 〈채터박스 라이브 Chatterbox Live〉 DVD는 여성 코미디언 DVD 판매 1위를 기록했고, 2011년에는 브리티시코미디어워즈에서 퀸오브코미디 상을 수상했다.

- **샤지아 미르자**는 코미디언이자 작가다. 〈가디언 The Guardian〉〈뉴 스테이츠먼 New Statesman〉 등에 기고를 하고, 해외 순회공연과 예술 축제인 에든버러프린

지 페스티벌을 통해 이름을 알렸다. CBS 프로그램 〈60 미닛60 Minutes〉, BBC 라디오4의 〈더 나우 쇼The Now Show〉, BBC TV의 〈해브 아이 갓 뉴스 포 유Have I Got News for You〉 등에 출연했다.

• **콜린 몽고메리**는 당대에서 가장 사랑받는 스포츠 스타이자 골프 선수이다. '몬티'라는 애칭으로 불리는 그는 전 세계 선수권 대회에서 41차례 우승했고, 라이더 컵 경기에 8차례 출전한 기록을 가지고 있고, 2010년 유러피언 라이더 컵에 주장으로 참전해서 팀을 우승으로 이끌었다.

• **마이클 모슬리**는 인체와 의학에 관한 수많은 다큐멘터리를 제작했다. 의사지만 의학계를 떠나 BBC에서 과학 프로그램을 제작하고 진행하는 일을 했다. 〈인사이드 더 휴먼 바디Inside the Human Body〉와 아프가니스탄 참전 군의관들의 이야기를 다룬 〈프론트라인 메디신Frontline Medicine〉 등이 있다.

• **스티브 몰드**는 옥스퍼드대학교에서 물리학 석사 과정을 졸업한 후 TV 어린이 프로그램 〈블루 피터Blue Peter〉에 과학 전문가로 출연했다. 그가 주관하는 과학과 코미디를 혼합한 행사 '페스티벌 오브 더 스포큰 너드Festival of the Spoken Nerd'는 2012년 뮤지컬의 중심지 웨스트엔드West End로 진출하는 성공을 거두었다. 그는 '게릴라 사이언스'라는 공연으로 글라스톤베리 페스티벌과 같은 음악 축제에 과학을 소개하기도 한다.

• **데이비드 니컬스**는 소설가이자 영화, TV 프로그램 작가이기도 하다. 그의 데뷔작 《스타터 포 텐Starter for Ten》과 러브 스토리인 《원 데이One Day》는 전 세계적으로 수백만 독자의 사랑을 받았다. 두 작품 다 영화화되었는데, 모두 데이비드가 직접 대본 각색 작업을 했다.

• **로레인 파스칼**은 16세 때 모델 에이전트의 눈에 띄어 모델로 기용됐고, 미

국 〈엘르ELLE〉 잡지의 첫 흑인 표지 모델이 됐다. 모델을 하면서 정말 멋진 시간을 보냈지만, 요리에 대한 열정을 버릴 수 없어 직업을 바꿨다. TV 요리 프로그램 〈30분 심플 베이킹Baking Made Easy〉과 〈쉬운 가정 요리Home Cooking Made Easy〉 등으로 요리사로의 명성을 굳혔다.

- **니컬러스 패트릭**은 영국 출신의 미항공우주국 나사 우주인이다. 2번에 거쳐 우주왕복선을 타고 우주 여행을 했고, 국제정거장에서 일하는 동안 3번의 우주 유영을 했다. 케임브리지대학교와 매사추세츠공과대학교에서 공학을 공부하고 제트 엔진과 항공기 조종석을 디자인했다.

- **롭 펜**은 어른이 된 후 거의 매일 자전거를 탄다. 20대에 직장을 그만두고 자전거로 세계 일주를 했다. 언론인이자 작가이다. 앤서니 우드워드와 함께 쓴 《잘못 내린 눈The Wrong Kind of Snow》이라는 책을 통해 영국의 날씨에 관해 이야기했다. 최근에는 《자전거에 대한 모든 것It's All About the Bike》을 발간했다.

- **로버트 페스턴**은 방송인이자 기자이며, 작가로, 개인·기업·국가가 각각 어떻게 돈을 버는지 그리고 왜 어떤 사람은 부자가 되고, 어떤 사람은 가난한지에 관한 책을 쓴다.

- **저스틴 폴러드**는 역사학자다. 그는 대부분의 시간을 책과 기사 그리고 〈큐아이QI〉와 같은 TV 프로그램 대본을 쓰면서 보낸다. 〈줄무늬 파자마를 입은 소년The Boy in the Striped Pajamas〉〈캐리비안의 해적Pirates Of The Caribbea〉과 같은 영화를 제작할 때 역사학적 지식을 제공하는 고문 역할도 한다.

- **크리스토퍼 포터**는 쿼크부터 초은하단까지, 점액 세균부터 호모 사피엔스까지를 모두 다룬 책 《당신과 지구와 우주You Are Here, A Portable History of the Universe》의 저자이다.

- **개빈 프레터피니**는 구름감상협회를 창립했다. 국내에 번역 출간된 책으로 《구름관찰자를 위한 그림책Cloudspotting for Beginners》《날마다 구름 한 점A Cloud A Day》 등이 있다. 어렸을 때는 질문하기를 좋아했고, 이제는 질문에 대답하는 것을 좋아한다.

- **필립 풀먼**은 《황금나침반His Dark Materials》 3부작을 비롯해 많은 작품을 발표한 작가다. 필립은 8살 때 경이로운 '만화책의 세계'를 만났고, 그 경험은 아직까지도 그의 글과 그림에 큰 영향을 주고 있다.

- **고든 램지**는 축구 선수였지만 부상을 당하고 나서 요리사로 직업을 바꿨다. 현재 그는 전 세계에 많은 레스토랑을 가지고 있고, 최고로 맛있는 식당에 주는 미슐랭 스타를 여러 번 받았다. 〈고든 램지의 신장개업Kitchen Nightmares〉이나 〈헬스 키친Hell's Kitchen〉 등에서 심한 말을 서슴지 않는 그의 모습을 본 독자들도 있을 것이다.

- **마틴 리스**는 영국 왕립 천문학자다. 옛날에는 왕립 천문학자가 런던 그리니치천문대를 관리했다. 요즘은 왕립 천문학자가 그 일을 하지 않아도 되기 때문에 그는 케임브리지대학교에서 교수로 일을 하고 있다. 그는 혹성, 별, 은하계 등에 관해 새로운 사실을 이토록 많이 배울 수 있는 시기에 천문학자가 될 수 있었던 것이 큰 행운이라고 생각한다.

- **조이 S. 게일린 라이덴버그**는 미국 뉴욕시의 마운트시나이의과대학에서 해부학을 가르치는 교수다. 그는 인간과 동물의 몸을 공부했고, 〈인사이드 네이처스 자이언트Inside Nature's Giants〉라는 프로그램에서 비교해부학자로 출연한다. 이 프로그램에서 조이는 몸집이 큰 동물들의 몸속을 들여다보고, 어떻게 몸이 작동하는지를 설명한다.

- **크리스토퍼 라일리**는 작가, 과학 저널리스트인 동시에 천문학과 우주 비행을 전문 분야로 하는 영화 제작자이다. 그는 러시아와 유럽항공우주국이 주관한 비행에서 무중력 상태를 경험했고, 지구 궤도를 돌며 유성 폭풍을 쫓는 나사 주관 천체생물학 미션에 2번 참가한 경력을 자랑한다.

- **메리 로치**는 〈내셔널 지오그래픽 National Geographic〉〈뉴 사이언티스트〉〈뉴욕 타임즈 The New York Times〉 등 여러 매체에 기고를 한다. 국내에 번역 출간된 책으로 《자연이 법을 어길 때 Fuzz: When Nature Breaks the Law》《죽은 몸은 과학이 된다 STIFF: The Curious Lives of Human Cadavers》 등이 있다. 배낭여행, 스크래블 단어게임, 망고를 좋아하고, 물고기의 눈알에 사는 기생충 같은 징그러운 동물을 보여 주는 〈애니멀 플래닛 Animal Planet〉 같은 프로그램을 즐겨 본다.

- **앨리스 로버츠**는 인체의 구조와 진화론에 관해 큰 열정을 가지고 있다. 영국 버밍엄대학교에서 이 분야에 관해 강의를 하고 있지만, 이 주제를 대학 밖으로 가지고 나가 더 많은 사람들에게 소개하는 것도 중요하다고 생각한다. 그러기 위해 그는 대중을 상대로 강의하고, 책을 출간하고, TV 프로그램을 만드는 일을 많이 한다. 가장 최근에 방영된 프로그램은 〈인류의 위대한 여행 The Incredible Human Journey〉과 〈오리진스 오브 어스 Origins of Us〉 등이다.

- **데이비드 루니**는 런던 과학박물관에서 교통수단과 관련된 많은 전시물을 관리하는 일을 한다. 비행기, 자동차, 자전거, 트럭, 버스 등과 아주 많은 종류의 교통수단 모델을 관리하고 있다.

- **마이클 로젠**의 재미있는 시와 이야기들은 전 세계 어린이들의 사랑을 받고 있다. 국내에 번역 출간된 책으로 많은 어린이의 사랑을 받은 《곰 사냥을 떠나자 We're Going on a Bear Hunt》 외 다수의 서적이 있다.

- **메그 로소프**는 어린이, 청소년, 성인 모두가 좋아하는 이야기를 쓴다. 첫 번째 소설《내가 사는 이유 How I Live Now》는 독자들을 떨고, 웃고, 울게 만들었고 어떨 때는 이 3가지를 모두 한꺼번에 하도록 만드는 마력까지 발휘한다. 《신이라 불린 소년 There Is No Dog》은 19살 소년 밥이 우연히 신이 되면서 벌어지는 이야기다.

- **마커스 드 사토이**는 옥스퍼드대학교 수학과 교수다. 그는 〈더 코드 The Code〉를 비롯해 수학에 관한 프로그램을 많이 제작했다. 그는 앨런 데이비스, 다라 오 브라이언 등 코미디언과 같이 출연하기도 하고, '찰리와 롤라' 시리즈를 탄생시킨 로렌 차일드의 책에서 루비 레드포트라는 어린이가 스파이와 맞닥뜨리는 수수께끼를 만들기도 했다.

- **로즈 새비지**는 바다에서 노 젓기 분야에서 4개의 세계 신기록을 보유하고 있다. 그중 대서양, 태평양, 인도양을 모두 노 저어 건넌 최초의 여성이라는 타이틀도 있다. UN 기후 영웅 United Nations Climate Hero 자격으로 환경보호 운동을 벌이고 있다. 국내에 번역 출간된 책으로 《로잉 Rowing》이 있다.

- **루퍼트 셸드레이크**는 생물학자이자 《주인이 집에 올 때를 아는 개들 Dogs That Know When Their Owners Are Coming Home》 등을 비롯한 몇 권의 책을 출판했다. 그는 10살 때부터 비둘기를 길렀고, 동물들이 어떻게 집을 찾아오는지에 관해 항상 관심이 있었다.

- **세스 쇼스탁**은 태양계에 관한 책을 처음으로 읽었던 8살 때부터 외계인에 관심이 많았다. 요즘 그는 캘리포니아에 있는 외계 지능 생물 탐색 연구소인 SETI 연구소의 선임 천문학자로 일하고 있다.

- **사이먼 싱**은 9살 때 핵물리학자가 되고 싶다고 생각했었다. 그는 입자 물

리학을 공부하고 케임브리지대학교와 유럽원자핵공동연구소^{CERN}에서 일했지만, 결국 자신은 과학을 연구하는 것보다 과학에 관해 글을 쓰는 것을 더 잘한다는 사실을 깨달았다. 《페르마의 마지막 정리$^{Fermat's\ last\ Theorem}$》《빅뱅$^{Big\ Bang}$》《코드 북$^{The\ Code\ Book}$》 등의 책을 썼다.

- **팀 스밋**은 친구들의 도움을 받아 영국 콘월에 에덴프로젝트$^{The\ Eden\ Project}$를 만들었다. 5년에 걸친 작업 끝에 그와 친구들은 진흙 벌판을 거대하고 아름다운 정원으로 탈바꿈하는 데 성공했다. 이제 매년 수천 명이 이 놀라운 정원에 찾아와 환경에 대해 배우고 간다.

- **프랜시스 스퍼포드**는 논픽션 작가다. 그는 주로 역사 그리고 각각 다른 시대에 사는 느낌은 어떻게 다를지에 대해 관심이 많다. 그러나 그가 펴낸 가장 최근 책인 《변명하지 않는 기독교^{Unapologetic}》에서는 종교가 어떤 느낌인지를 살펴보고 있다. 그는 성공회 목사와 결혼해 두 딸을 두고 있다.

- **이언 스튜어트**는 영국 플리머스대학교에서 지학 커뮤니케이션을 가르치는 교수다. BBC 인기 프로그램 〈지구-역동의 행성$^{Earth\text{-}The\ Power\ of\ the\ Planet}$〉〈하우 어스 메이드 어스$^{How\ Earth\ Made\ Us}$〉〈맨 오브 록$^{Men\ of\ Rock}$〉 등 다수를 진행했다.

- **미카엘라 스트라찬**은 25년 동안 어린이 프로그램과 자연 다큐멘터리 등을 진행해 왔다. 그 과정에서 손으로 직접 상어에게 먹이를 먹여 보기도 하고, 곰을 구조하고, 또 벌새와 입을 맞추는가 하면, 치타와 함께 뛰고, 뱀을 잡고, 박쥐 똥에 무릎까지 빠져 보기도 하고, 코끼리 항문에 손을 집어넣어 보는 등 각종 희한한 경험을 수없이 했다.

- **크리스 스트링어**는 런던 자연사박물관의 고생물 분과에서 일한다. 따라서 초기 인류 그리고 인류가 어떻게 진화해 왔는지에 대해 아는 것이 많다. 그

가 10살 때 가장 즐겨 그리던 그림들은 비행기와 사람 해골이었다.

- **로지 스웨일-포프**가 세상을 달려서 돌겠다고 결심한 때는 그녀가 57세가 되던 해였다. 암으로 남편을 잃은 후, 그녀는 '스스로 인생을 부여잡지 않으면 안되겠다'는 생각을 했고, 자선단체를 위해 모금을 해야겠다는 필요를 느꼈다. 로지는 달리기와 요트 2가지 모두로 세계 일주를 한 유일한 사람이다.

- **캐시 사이크스**는 물리학자이자 대학 교수다. 재미있는 과학 프로그램 진행도 하고, 첼트넘 과학축제를 주최하는 데 힘을 보태기도 했다. 캐시는 냄비 뚜껑과 유리 조각으로 현미경을 만드는 법도 알고, 한때 플로렌스에서 마술사 조수로 일하기도 했다.

- **샌디 토크스빅**은 영국의 유명한 코미디언, 배우, 작가로 특히 정치 풍자로 유명하다. BBC 라디오4의 《더 뉴스 퀴즈 The News Quiz》를 진행하고 있고, 어린이들을 위한 《히틀러스 카나리 Hitler's Canary》, 여자 어린이들을 위한 《걸스 아 베스트 Girls are Best》 등의 책을 썼다.

- **피터 투이**는 책 《권태 Boredom》의 저자이다. 그는 캐나다 로키산맥 근처 광대한 평야 지대 끝에 살고 있다. 어렸을 적 농부가 되는 것이 꿈이었지만 현재 캘거리대학교에서 고전학을 가르치고 있다.

- **조이스 틸데슬리**는 영국, 유럽, 이집트의 고고학 유물 발굴 작업에 참여했다. 깨진 항아리, 돌로 만든 도구 등은 수없이 찾았지만, 한 번도 미라를 발견하지는 못했다. 이집트에서 땅을 파고 있지 않을 때는 온라인을 통해 전 세계 남녀노소를 대상으로 이집트학을 가르친다.

- **가브리엘 워커**는 이 세상이 어떻게 돌아가는지에 관한 책을 쓰고, 각종 프

로그램을 만드는 일을 한다. 그녀는 아마존강에서 피라냐와 함께 헤엄을 치고, 하와이의 활화산에서 망치로 땅을 깨서 용암을 터뜨려 보기도 했다. 그러나 가브리엘이 제일 좋아하는 장소는 남극 대륙으로, 그곳이 앞으로도 오랫동안 춥고 얼음으로 덮여 있기를 기원한다.

• **로버트 웹**은 데이비드 미첼과 함께 코미디 듀오로 활동했다. 〈댓 미첼 앤드 웹 룩That Mitchell and Webb Look〉과 〈핍 쇼Peep Show〉의 공동 주연을 맡기도 했다. 사회 문제를 패러디한 〈블릭 올드 숍 오브 스터프Bleak Old Shop of Stuff〉 그리고 영화 〈웨딩 비디오The Wedding Video〉를 비롯해 수많은 TV 시리즈, 토크쇼, 웨스트엔드 연극 등에서 활약하고 있다.

• **잭 화이트홀**은 라이브 공연과 에딘버러 프린지페스티벌 등에서 코미디언으로 입지를 굳혔다. 그는 영국에서 방영한 TV 사회 풍자물 프로그램과 코미디 패널 게임쇼에 고정으로 출연해 왔고, 영국 채널4의 코미디물 〈프레시 미트Fresh Meat〉로 널리 이름을 알렸다.

• **재닛 윈터슨**은 입양아로 자랐다. 그녀를 입양한 가족은 《성경》을 제외한 다른 책을 읽는 것을 그다지 장려하지 않았다고 한다. 운이 좋게 집안에 화장실이 없었던 관계로, 재닛은 집 밖에 있는 화장실에 숨어 손전등을 켜고 책을 읽었다. 그녀는 23세 때 첫 소설 《오렌지만이 과일은 아니다Oranges Are Not the Only Fruit》를 발표한 이후, 계속 어른과 어린이들을 위한 책을 펴내고 있다.

• **얀 웡**은 진화생물학자다. BBC1의 〈뱅 고스 더 시어리Bang Goes the Theory〉를 진행하면서 복잡한 이론들을 이해하기 쉽게 설명한다. 그는 생물학에 대한 열정을 가지고 있고, 리처드 도킨스가 《조상 이야기The Ancestor's Tale》를 쓰는 데 도움을 줬다.

- **마이클 우드**는 역사학자, 작가, 영화 및 TV 프로그램 제작자이다. 《태양의 제국, 잉카의 마지막 운명 Conquistadors》《인도 이야기 The Story of India》 등의 책으로 널리 알려졌다.

- **케이티 우다드**는 미국 시애틀에서 DNA 흔적을 이용해 범죄를 해결하는 법의학자로 일하고 있다. 두 자녀에게 홈스쿨 교육을 하고 있는 그녀는 어린이를 위한 《나의 첫 번째 DNA 책 My First Book of DNA》을 썼다.

- **앤서니 우드워드**는 《잘못 내린 눈》과 비행에 관한 책 《프로펠러헤드 Propellerhead》의 저자다. 가장 최근에는 영국 웨일스 지방의 산 위에 정원을 가꾸는 이야기를 다룬 《더 가든 인 더 클라우즈 The Garden in the Clouds》를 발표했다. 무슨 이유에서인지 그가 지금까지 펴낸 책은 모두 구름과 관계가 있다.

- **칼 짐머**는 과학에 관한 책을 13권 출간했다. 그가 제일 좋아하는 동물은 기생충이다. 호주산 물고기 몸속에 사는 촌충에 그의 이름을 따 '아칸토보트리움 짐메리 Acanthobothrium zimmeri'라는 이름이 붙여지기도 했다.

크게 생각할 줄 아는 어린 철학자들의
생각의 지도

초판 1쇄 발행 2025년 12월 15일

엮은이 제마 엘윈 해리스
옮긴이 김희정
펴낸이 김선욱

표지·본문 일러스트 Nal

펴낸곳 ㈜레디투다이브 **출판등록** 2024년 10월 18일 제2024-000132호

ISBN 979-11-993815-5-1 (73000)

- 책값은 뒤표지에 있습니다.
- 파본은 구입하신 서점에서 교환해드립니다.
- 이 책은 저작권법에 의하여 보호를 받는 저작물이므로 무단 전재와 복제를 금합니다.

KC마크는 이 제품이 공통안전기준에 적합하였음을 의미합니다.

㈜레디투다이브는 독자 여러분의 책에 관한 아이디어와 원고 투고를 기다리고 있습니다. 책 출간을 원하시는 분은 이메일 master@readytodive.kr로 간단한 개요와 취지, 연락처 등을 보내주세요.